ESTHER SELIGSON

Hebras

~~~

EDICIONES SIN NOMBRE

MÉXICO, 1996

1a. edición, 1996

© 1996, Esther Seligson
Diseño: María Luisa Martínez Passarge
Viñeta de la portada: Adrián Joskowich

Impreso y hecho en México
ISBN 970-91571-3-2

Todo libro se escribe en la transparencia de un adiós.

EDMOND JABÈS

TRAVESÍAS

El amor que es ansia de paraíso
obliga a bajar a los infiernos.

MARÍA ZAMBRANO
El hombre y lo divino

I

A LA CASA DEL AMOR LLEGÓ, desprevenido y con todo su equipaje.

—Detente viajero, descalza tus pies, murmuró la Esfinge.

Él sacó de entre sus hatos unas flores y el viejo libro de poemas.

Ella ofreció nísperos y un cuenco de risa fresca.

Aquel atardecer, de tan quieta, la luz parecía blanca y evitaba dispersarse, como si su único júbilo fuese derramar polen dorado sobre los árboles y que, al agitarse, las hojas proyectaran sobre los cuerpos caprichos sombreados en una danza sin fin.

II

—¿Podría leer tu alma? Preguntó el viajero a la Esfinge.

—Pon entre tus labios mi boca y bésala, larga, dulcemente.

—¿Sólo eso?, respondió azorado el viajero que había escuchado terribles historias sobre ella.

Y siguió de largo.

III

Somos ensoñaciones que se unen tras la huella del Pardés —esperanza abierta—, flor que asoma desde no se sabe qué profundidades, raíz de un mundo recóndito y luminoso, diáfano rumor azul, un colmo que se desborda, desdobla, devela

Somos ensoñaciones que se encuentran en el cruce de caminos, en la raya oscura de una llama vegetal, fuego que enciende todos los fuegos, el viaje y la travesía, el ritmo de un canto y sus modulaciones

Detener el cielo no podemos. Mas sí dejarlo rodar sobre nuestra cabeza, columnas de un templo acústico invisible.

Somos ensoñaciones que se sueñan despiertas en la verticalidad de la aurora, en el anhelo de recoger sobre los labios el polen de la tarde que se fuga álamo, hojarasca, viento, una copa sin contenido, la estela de un nombre que se oculta, parpadeo de un alfabeto inexistente.

IV

–¿Podría leer tu alma?, preguntó el viajero a la Esfinge.

    –Pon entre mis labios una brizna de retama.

    Pero la estación florecida había transcurrido, y el viajero no volvió más.

V

Extraño las flores que tu voz me abría cada mañana, trino apresurado de sol, la palabra anunciando la certeza de la luz para todo el día

Me hace falta la mano que esbozaba su caricia sin llegar a darla, los dedos maduros de rocío y en la palma un higo virgen

Duele lo que, cercano, no sabía expresarse y narraba historias sin fin —otras— con un temblor imperceptible, veladuras de un oleaje enamorado

"Vuelvo", dijo el viajero. Mas no hay retorno sino a lo que ya no está: distinta es la luz del crepúsculo estival, oro disperso, a la del otoño que desciende en rápidos cobrizos

Tan ligero se fue que hasta mintió la despedida, y aún gira el beso, grano de mostaza sin destino, cuando convocan las horas nocturnas su presencia.

VI

Al viajero silencioso que la miraba mohino interpeló la Esfinge:
—¿Querrías leer mi alma?
—Me bastó verte una vez, respondió.

Y reanudó su camino.

VII

"Si de nuevo pasas por Delfos, viajero, no preguntes al oráculo dónde quedó la casa del amor. Detente ante la piedra y recoge del suelo una retama

Calza tus sandalias. Al inclinarte y anudarlas, no con el huso de Penélope, ni en el temor de Eurídice, sino en la lira de Orfeo hallarás respuesta

Aquí, entre mis cabellos y mis brazos alrededor de tu cuello. Aquí, viajero, donde tu boca recogió el polen del atardecer que se fugaba álamo, hojarasca, viento…" ❧

SIRENAS MELODIOSAS Y VORACES

—Y NO, LE COMENTABA el Unicornio al Ave Fénix, no irradiará en ti, poderoso e inextinguible, el fuego que aguardo, ni reconocerás en mí el nombre de tu deseo inexpresado.

Quedaremos ambos en el umbral absortos en un limbo sin cruzar las grandes aguas, cautivos en la búsqueda que se hizo camino, en el camino que se hizo búsqueda.

Llegamos al límite de un mar sin límites, un mar sin playas. Y, no obstante, fue bello, hermoso mientras lo soñamos, con la belleza del sueño que se vive en la plenitud de la esperanza…

En realidad, fue el Ave Fénix quien se lo comentó al Unicornio.

❧ ❧ ❧

—Tu insistencia viola mi espacio, rezongó el Unicornio.

¿Por qué habría de dar albergue a tus preguntas en el silencio con que me envuelvo de palabras?

—Sólo busco ese hueco de ternura que una vez me ofreciste hospitalario, respondió el Ave Fénix.

—Precisamente, refunfuñó el primero. No quiero ya sentir tus combustiones en mi entraña.

❧ ❧ ❧

"Hazte cargo de mi alma", le dijo. Y se fue, ligero el cuerpo, aliviada la mente, sereno el corazón.

El Unicornio quedó perplejo frente a aquel ovillo de luz que iba a requerir mucho y laborioso cuidado. ¿Cómo resolverlo?

Sin más preámbulos, abrió la boca y se lo tragó tal cual.

Y no es improbable que, bajo idénticas circunstancias, el Ave Fénix no hubiese hecho otro tanto.

❧ ❧ ❧

"Yo soy el mar que tus dedos no volverán a tocar en otras aguas; el camino que recorrerás siempre ida y vuelta; la palabra cuyo diálogo buscarás inútilmente en otro interlocutor; la libertad a la que anhelarás encadenar tus sucesivas prisiones.

Soy la ternura que escamotearás en otros cuerpos, la entrega, el umbral donde nadie más te sabrá recibir ni permitirá que atravieses.

Yo soy tu soledad…"

❧ ❧ ❧

Y no se sabe si fue el Unicornio, o fue el Ave Fénix, quien concluyó así:

"Uno vive el dolor con cierto gozo. Tú lo sabes. De otra manera no lo aceptaríamos tan generosamente. Y quizá haya amores que amamos sólo porque duelen, porque te van desollando con tal sutileza que terminas por no distinguir el sufrimiento del placer que en realidad te provoca… Tal vez por ello no regrese…" ❧

HEBRAS

ESA MADRUGADA las nubes bajaron de la Sierra, una a una, sorpresivamente. Y no que quisieran aligerar a la ciudad del bochornoso verano o quitarle al sol su justo derecho estival a calcinar tejados y tejadillos, prados, terrazas, toldos, sombreros y cuerpos semidesnudos. No. Aunque llegaron despacio y con el menor ruido posible —apenas uno que otro relámpago sin estruendo—, había, en el viento frío que las trajo, una como urgencia que fue haciéndose más y más apremiante a medida que avanzó el alba y se hizo aurora y después mañana gris pero aún con anchos claros de cielo azul.

Sólo dejaron caer una fresca y tempranera llovizna, alegres, festivas, avisando que sí, que acudían al llamado, que ya estaban ahí y que, sin prisa alguna, otras hermanas se arremolinarían detrás conforme fuese avanzando el día hasta que Aquella que con tanto fervor solicitó su presencia exclamara, al salir rumbo a la iglesia:

—¡Novia mojada, novia feliz!…

❧ ❧ ❧

Un colibrí requirió de amores a un pez. Embelesos de la primavera.

❧ ❧ ❧

El águila, en su diario ir y venir hacia ese cuerpo bañado de sol y de aguas, terminó por amar a Prometeo. Éste, piadoso, rompió sus cadenas y se ahogó en el mar.

❧ ❧ ❧

Después de mirarse largamente a los ojos, casi sin pestañear, mirarse como hablando de una antigua historia vivida por ambos y sin embargo actual, hasta que las palabras se agotaron en la mirada y en las sonrisas que, a intervalos, se dibujaron los labios, Él se levantó hasta donde Ella estaba sentada y, arrodillándose, empezó a recorrerle el rostro con la punta de los dedos, suavemente. Primero las facciones, el nacimiento del pelo, la frente abombada y ancha, las cejas poco pobladas, los párpados, las sienes, la línea de la nariz, los pómulos salientes, las orejas bajo el cabello fino, la boca hasta las comisuras algo hundidas, la barbilla. Luego recorrió cada una de las líneas de ese rostro tan amado como quien recorre el trazo de calles en un mapa para no olvidarlas, o para guardarlas en la memoria ante la perspectiva de una larga travesía sin retorno, o quizá sólo, igual que a esas ciudades invisibles de las que Marco Polo describía al Kublai Kan los misterios, para construir una imagen.

Ella no despegó los párpados. Lo dejó caminar por el laberinto y sus secretos escondrijos. No tanto para que encontrara la salida, o conservase realmente la imagen de su semblante entregado y abierto como una súplica, sino para no ahuyentar la tan luminosa ternura que, sin sospecharlo, Él irradiaba, igual a un fuego abrasador, en su mirada. Pero, aun así, cuando Él apartó las manos, un soplo de aire los desmoronó en ceniza…

El pájaro, frente a Adam, no quiso recibir un nombre. Prefirió volar libre y morir de inmediato, apenas creado, libre también.

"No", diré a la hora de mi muerte, "no he sido, Oh, Dioses, justa, ni pesa mi corazón como una ligera pluma".

Mas tampoco diré que fue mi alma pecadora.

La palabra inquiere caminos, mira, ronda a la escucha de un eco, navega en busca de lo humano. Yedra terca asciende lagarto en la piedra tendiendo puentes de orilla a orilla, de raíz a rama, ensortija soledades, y deviene Amor.

La ciudad no le abrió sus puertas ni las calles dieron alojamiento a sus pasos. Atribuyó a los cielos borrascosos y nublados su propia falta de apertura.

Cuestión de meteorología.

"Tras los árboles observo tus ventanas. Espero la mano que descorra las cortinas y el gesto que me invite a subir. Añoro mi rendición. No soporto la libertad que, en un arranque insensato, me tomé."

Finalmente, una tarde, en el parque, frente a esas ventanas, papalote nemoroso, desapareció...

Jalaba tras de sí a sus muñecos, como a las pesadillas en su sueño, de modo que ya no supo si vivía sonámbulo o en plena vigilia. Sobre un disco de cobre, además, perfectamente redondo, con la superficie rugosa llena de volcancitos, vertía arena blanca para trazar caminos, un mapa.

—Déjalo, dice el abuelo. Siempre ha sido así. Mírame a mí, también yo soy un solitario.

—No, le respondo. Tú no eres un solitario. Tú no juegas con la soledad, sino con tus recuerdos.

—Del maridaje entre la estela del sol y la estela de la luna

sobre el lomo refulgente de las aguas marinas, nacen las
creaturas del Océano.

—Y eso, ¿cómo es?, preguntó el niño.

—Ahí por donde el sol va dejando el calor de sus rayos,
y la luna llena la plata de los suyos, quedan semillas em-
preñadas.

—Mi sed es la sed de un diálogo ininterrumpido, diálogo
con el cuerpo, mar sin tiempo, diálogo con el tiempo, mar
del cuerpo, diálogo con el mar, cuerpo del tiempo…

Y Él, en un impulso que imaginó pródigo, llenó de
agua el pozo donde Ella naufragaba.

Desde su cautiverio de mujer decente imploró la madre:

—Ella no te conviene, ya ha tenido otros hombres, y
nunca te dará un hijo.

Se miraron a los ojos, y Él, dócil, inmoló su amor, su
deseo, su sueño de dicha, por conservar intacto el hueco
que ocupaba aún en el vientre materno.

—Te concedo una de las tres delicias de la vida, le dijo el
Ángel al Poeta: poder, venganza, amor. Tienes un minuto para decidir.

Más fuerte que su corazón amante, o, incluso, que el poderío ansiado, fue el destello de la espada entre sus manos.

❧ ❧ ❧

La historia resultó cronométrica:

el primer tiempo, *andante enamorado*, lo pasó convenciéndose de que Ella era real y realmente lo amaba

el segundo tiempo, *largo celoso*, quiso asegurarse, retrospectivamente, de que Ella le había sido infiel para poder abandonarla sin más

el tercer tiempo, *allegro ma non tropo*, fue una lucha oscilatoria entre la separación definitiva y el definitivo reencuentro

el cuarto tiempo, *grave lentísimo*, es una fuga que va transcurriendo...

❧ ❧ ❧

—La Rosa será siempre metáfora, le dijo.

—No son sus pétalos, sino las capas transparentes entre cada uno de ellos, lo que la hace perfecta y, a la vez, tan añorante de su imposible sincronización con el tiempo humano, incluso con el de los Amantes.

❧ ❧ ❧

—Aléjate, pidió. Déjame ir.

Pero, ¿cómo separarse si juntos formaban una polva-
reda de oro cálido, viviente?

"Y no voy a dejar de amar sólo porque tú has decidido
quebrar a fuerza de martillo el lecho que trenzó nuestros
cuerpos. Inútil que intentes deformar su huella: en cada
golpe se renueva como espuma el contorno; y la voz, su
grito, su gozo, se eleva y canta.

"Las calles llevan el trazo de nuestras manos enlazadas.
A ciegas, una y otra vez, podría recorrer el camino que
dejó esa presencia: una, por el olor de los pétalos con que
de mañana cubrí tu piel; otra, por el murmurio que nuestros nombres levantaron, limaduras de sol, entre los días
y las horas; otra más, por la felicidad que labios y ojos se
entregaron, así sea esa palabra breve y traicionera. No
hablo, por supuesto, de nostalgia."

Antes que matarla, prefirió morir con la Rosa dentro.

"Dios te salve del Amante desembriagado. Te prostitu-
ye."

"Tómame", suplicaba, "por favor tómame", con un murmullo de voz que parecía huírsele del alma junto consigo misma, con el ruego, con el abrazo, un hilo apenas dentro de un vasto tejido inmóvil y vibrante. Hilo que succionaba poderosos vacíos llenos del hueco de una inmensa entrega, vasta como un gesto de unción.

¿De qué quería hacerse perdonar? No se sabe. Tal vez de no extenderse aún más, de no saber en qué forma desasirse de toda forma y quedar únicamente olor que derrama su aceite, urna votiva, sobre el Tiempo.

Cuentan, sin embargo, que Él apretó las manos, escondió los brazos, y que cuando, finalmente, los pétalos cayeron, amustiados, acusó a la Rosa de traición.

De vez en cuando volvía a visitarla.
Creyó amarla sólo porque en sus esporádicas intempestivas borracheras emocionales la tomaba como quien se bebe una copita de buen vino.

—¡Tengo necesidades!, exclamó el falso poeta, pero no sé qué es lo que más me importa…
—Escribo, confesó, ¡para alcanzar la inmortalidad!

Ésta es la historia de un marinero mentiroso. No se sabe si mentía por costumbre, o porque el mar le había enseñado que nada es ni totalmente cierto ni totalmente falso. En la historia hubo una reina taumaturga en cuya isla el marinero tomaba tierra de tanto en tanto. Aunque se ignora si, igual, ella formaba parte de su mundo de mentiras.

Pasión que no deviene ternura, engaño es o calentura.

Se comportó como un Ulises que se ata al mástil para resistir el llamado de su propia alma.

"Que tenga buena mano", agradeció el mendigo al recibir su primera limosna del día, sin fijarse que al hombre le faltaban dos dedos y medio.

Él era la leyenda viva de un amor muerto.

Mi padre fue un ser solitario y taciturno. Después, mis amores, también, fueron solitarios y taciturnos.

—Dabas lo que quisiste dar. No tengo nada que agradecerte.

—Pues sí. Aunque, a veces, también, por fastidio, di lo que no quería.

Es del tipo de hombres que, durante el almuerzo, con la boca llena, pregunta: "¿Y qué tendremos para cenar?"

   ✤ ✤ ✤

Se dedicaba a sus ejercicios de humildad con ejemplar soberbia.

   ✤ ✤ ✤

Vivía avasallado por la nimiedad cotidiana.

   ✤ ✤ ✤

Jabesiana: Las palabras, ni aun escritas, se salvan de su propia destrucción.

Paradoja: Estamos vacíos, Señor, de tu parte divina. Y ese vacío sólo se llena en el contacto con Tu eternidad.

Cada palabra de amor silenciada en el vuelo de su impulso le roba a Dios una corona, y caen rotas alas de ángel.

Por cada "no" dicho, y un "sí" callado, tiembla la muerte victoriosa.

Él la encerró. Pero la oruga se tejía silenciosamente los hilos de su liberación.

"Sé como el sol a mediodía", aconsejó el I Ching.

Y recobró su cuerpo y, con él, el espacio volvió a ser suyo, el tiempo, la libertad de ser y de expresar el don amoroso de sí misma.

–Tú me conoces demasiado, insistió el falso poeta.

–Necesito una mirada extraña frente a la que pueda actuar mi mediocridad como un desbordante delirio de grandeza.

–Mi cuerpo es un Santuario, observó la Sacerdotisa, no es un lugar de paso. No me ofrezco, me entrego. El templo acoge, no escoge.

Y diez minutos antes de la hora acordada para la cita, el intelectual decidió barrer las hojas secas que los aguaceros habían acumulado sobre el techo de la casa y obstruían los desagües. No tanto porque la esposa llevaba semanas insistiendo en que lo hiciera, sino porque, finalmente, y si bien quien lo esperaba era "el amor de su vida", no estaba dispuesto, con la fuga, a perder su valiosa biblioteca.

"Soy lento, lento", repite mientras la vida, vertiginosa, se le huye.

Si no es en el rostro, ¿dónde marca la vida su huella devastadora?

En la escritura.

"No tengo a nadie", repite obsesivo mi padre desgranando sus recuerdos. Y es ese mismo niño abandonado el que nos llora dentro a mi hermana y a mí.

❧ ❧ ❧

Enamorada de la embriaguez amorosa: ése fue (es) mi pecado: hambre que se nutre de su propia hambre.

❧ ❧ ❧

Al igual que la raya que trazó Joana Carda, "una raya que cortaba al mundo en dos mitades", eché a rodar por la *Calle de los Buzones* los nombres de mi pasado, todos, dulcemente, como quien tira piedrecillas en la corriente de un caudaloso, manso, río.

❧ ❧ ❧

Y no, no ha dejado de llover: sólo es el viento que cambió de dirección.

❧ ❧ ❧

Soy de la estirpe de quienes construyen con palabras su propia Morada: sin techo, paredes, puertas ni ventanas. ❧

NATURALEZA MUERTA

DANZANTES

HABÍA EMPEZADO A GIRAR. Bajo sus pies jadeaba la arenilla, cada mota de polvo un rehilete, rehiletes también sus plantas entre la hierba semiseca, sus tobillos ajorcados con diminutos cascabeles tintineo áureo, las pantorrillas revoleo de espiga zarandeada, muslos y cadera molinete de pajuelas que anidan en gozo y van estallando una a una y en conjunto hacia la cintura, el costillar, el pecho jaula plumiforme de cuyo centro, libres ya, emergen, los hombros, el cuello, la cabeza y los brazos, aspa, viento de alta mar que impulsa al cuerpo velero incandescente. Ella gira y, con ella, giran los astros, las aves, los manantiales. Gira y olvida que el enemigo acecha, que en las forjas se templan espadas, forchinas, arreos de combate. Gira, tal vez los dioses olviden igual su cólera y transformen el corazón de los guerreros en alabanza, una ronda de paz entre cielo y tierra. En las manos lleva cintas de colores que habrán de atrapar en el remolino ondeante miradas y voces y pensamientos malévolos, e iluminarlos destello de compasión, misericordiosa lluvia de armonía entre los hombres de su aldea y la aldea vecina. Ella baila para que no peleen hermano contra hermano. Sacerdotisa de luz, su danza implora piedad y amor.

Baila olvidada de su olvido, flama única en el aura que genera y la envuelve y envuelve en su giratorio cauce toda confusión y tiniebla. Antorcha, espejo, umbral, su cuerpo ondula ya un palmo arriba de la arena. El cielo, de azulísima claridad, asoma entre los tintes naranja del amanecer. El canto de los gallos va abriéndole camino. Voces urgen: cada una le rasga un velo a la noche que agoniza y prepara las calinas del alba. Al verla así, espuma, oropéndola, arrebatada por el fuego de la aurora en una tan total entrega, el Amante supo que moriría en el combate lejos de ella, de su abrazo, de su rostro, y que, a su vez, ella podría terminar cautiva. Arrebatado entonces, mas por otro fuego, llamarada celosa, tomó de la aljaba una flecha, apuntó, y, girando en círculo abierto alrededor de su baile, suspendió certero el vuelo de enjambres que la sustentaba... ✤

MALDICIÓN GITANA

Para Maka

—**A**NDA BONITA, dame tu mano derecha. Que te digo la buena suerte. Mira que la tienes grande. ¡Muéstramela!

La insistencia de la gitana era obscena y yo no podía quitarle los ojos de encima, de modo que parecía a punto de dejarme convencer, lo cual no iba ni remotamente a ocurrir. Pero me era imposible dejar de verla, es decir, dejar de ver mi terror reflejado en ese "no gracias" que mis labios, con forzada sonrisa, repetían. Llevaba el pelo atado con un moño verde perico y una rosa falsa. Tenía un lunar negro sobre la boca. Sus ojos chispeantes y amenazadores escudriñaban sin pudor mi rostro y mi cuerpo, y creí que hasta las hormigas, que circulaban por las mesitas de aluminio, donde se apoyaba el vaso de horchata que yo bebía cuando se acercó, se habían paralizado. El libro en mi regazo —lo sentí tan ridículo con sus poemas sobre la esperanza frente a esa avalancha que pretendía a toda costa subyugar mi resistencia— resbaló y no tuve fuerza para detenerlo. Ella entonces se sentó de plano en una de las sillas vacías y tendió su brazo musculoso y moreno cubierto de pulseras baratas. Su diente de oro, hipócrita, sonrió. Un sudor frío me recorrió la espalda, las axilas y las corvas. Los oídos empezaron a zumbar y el paladar se resecó. La garra se aproximó aún más. Empezó a vociferar. Un perro rabioso no tendría tanto afán en acorralarme. "No gracias. No quiero. No."

—Mira que por envidias a ti te han echado el mal de ojo y yo te voy a decir quién. Yo te voy a decir cómo quitártelo de encima. Dame esa mano. ¡Venga!

¿Por qué no llegará el mesero a rescatarme? Sola en este parque inmenso bajo los castaños, justo hoy cuando hay tanta gente paseando, asoleándose, corriendo o sentada aquí, en las otras mesas bebiendo limón granizado, refresco, cerveza, con el calor da igual lo que sea, el caso es ampararse un rato mientras se recobra el resuello. Y eso hice yo para mi desgracia. Ni siquiera me di cuenta cuando todos se fueron, absorta en la lectura. Quién me manda andar siempre buscando lugares aislados en vez de quedarme junto al estanque o donde juegan los niños. Me va a robar. Terminaré por darle lo que traigo con tal de que se vaya y me deje en paz. Mi agua de horchata ya estará caliente, además tiene una mosca adentro y ni modo de hacer como que la bebo. Tampoco puedo levantarme con esa manía que tengo de repegarme a las mesas para apoyar las rodillas: estoy acorralada, cautiva, indefensa. Me está doliendo el cuello. Los olanes de su falda grasienta están rozándome las piernas.

—No gracias. No quiero. No

–Dame siquiera una moneda para comer

–No quiero. Gracias. No

Entonces sucedió lo que tanto temía. Me maldijo.

Quedé clavada en la silla de metal bajo los castaños en fruto, muda, invisible. Y ella allá va, ancha, grande, poderosa, bamboleando sus faldones superpuestos… ✤

PALOMAS MENSAJERAS

*¡Nunca en mí ponga sus ojos un dios
con su mirada irresistible enamorada! Es una guerra sin guerra, un escape sin escape.*

ESQUILO
Prometeo encadenado

"**Y** POCO ANTES DE LA PRIMERA invasión de
los lombardos estalló la peste… las perso-
nas, como si las hubiese mordido una ser-
piente, se llenaban de llagas en las ingles y en los sobacos
y morían a los pocos días entre sufrimientos atroces.
Muchos enloquecían de dolor y miedo."

Cerró el libro de Vito Fumagalli. Dejó que su cabeza
oscilara un poco y, finalmente, al tiempo que aovillaba el
cuerpo, la apoyó hacia la izquierda sobre el respaldo del
sillón donde estaba sentado leyendo. Lo despertó el
brusco choque de otro cuerpo, sin duda también dormi-
taba, contra el suyo. Ambos se enderezaron y reacomo-
daron en las estrechas bancas de madera sin mirarse, si-
mulando una muy concentrada atención en la misa que

venía desarrollándose en el centro de la catedral profusamente iluminada con velas de cebo. Nadie supo por dónde entraron las palomas ni en qué momento ni cuántas eran. El caso es que con sus alas, como si sólo para eso hubiesen llegado, apagaron todas las flamas y sumieron a la Casa del Señor en una tan profunda tiniebla que arrancó de la garganta de los fieles un largo y atemorizado ¡ah! Sintió un hueco en el pecho, bajo su corazón: un abismo que giraba en sentido inverso a la espiral de la vida.

La voz de los oficiantes se levantó sonora por encima del terror general, "oremos, oremos", mientras los acólitos intentaban encender de nuevo las candelas cercanas al altar. El murmullo desordenado se aquietó y una suerte de hipeo unánime empapó de babas a la letanía —"Cordero de Dios ten piedad de nosotros"— entre el incienso y una tímida refulgencia que empezaban a extenderse. Sus oídos sólo estaban pendientes del balanceo chirriante de los hisopos. No ignoraba su labor purificadora de espantos y tumefacciones, tampoco las razones de ese masivo Te Deum, más que acción de gracias, exorcismo: "Como cuando huye un hombre delante de un león y topa con un oso, o entra en casa y, apoyando su mano en la pared, lo muerde una culebra." De pronto cayeron, heridas, las palomas. Los fieles se precipitaron sin pudor alguno hacia las puertas en medio de un griterío más oscuro aún que la oscura noche afuera. Extrañamente, permanecieron en los bancos aquellos que habían recibido el impacto de las palomas en el pecho o en las rodillas, de

manera que se les quedaron encima. También los cléri-
gos huyeron. Entonces, cuando todo movimiento, todo
ruido, cesó en la plaza, y en la catedral el silencio se de-
rramó como riberas de espuma y las vibraciones discor-
dantes regresaron del síncope al hontanar de su cauce,
los elegidos se aproximaron al altar, degollaron las aves,
vertieron la sangre en el Santo Cáliz, bebió cada cual su
sorbo, y el sobrante se lo untaron en las axilas, la entre-
pierna, el vientre y el rostro.

Mezquino, esmirriado, torpe, un rayo de sol titubeó
bajo las nubes esa mañana solitaria en la ciudad aban-
donada.

En el centro de su respiración empezó a sentir un hueco, un afilado ahogo traspasando su abdomen a la altura
del diafragma, una pelusa árida rasgando su paladar.
Todo él era un abismo que rotaba en sentido contrario a
la espiral de la vida. El frío intenso le obligó a abrir los
ojos. Yacía en el suelo, en el ribazo, sin ropa, sin zapatos,
entre las espadañas. "Esto es demasiado", pensó. "¿Dónde están mi sillón, mi libro, mi casa?" En ese mismo instante, el águila empezó a devorarle el hígado... ❧

EL BUBOSO

A Tario

VA DELANTE DE MÍ en la escalera eléctrica. Al principio no me di cuenta de su presencia, ni de que éramos los únicos en aventurarnos por ese pasadizo en el pleno calor estival de las quince horas en punto. No quiero esquivar esa luz que cae a plomo sobre la cabeza y diluye los pensamientos igual como borra inmisericorde las aristas de todo a mi alrededor: casas, sillas, toldos, rostros. Quiero dejarla escurrirse por mi cuerpo con el sudor que lo baña. Lo primero que veo es su mano izquierda de grandes pecas arrugadas encima de la cabeza negra de un bastón que de inmediato sé no es de ciego: no se aferra, y la caña es gruesa, de alguna madera fina y pesada. Recorro el brazo y ahí está, al cabo de la manga corta de una camisa color de rosa, en la base del cuello, el enorme grano —se diría una frambuesa algo pálida— inicio de un rosario que salpica el pescuezo y el nacimiento de los pocos cabellos gríseos, aunque no es calvo y el peinado es pulcro sin grasa ni orzuelo. Siento un golpe en el estómago. No de asco. Un finísimo brillo entre los forúnculos les da una apariencia sedosa, opalina, tornasol. Algunos son más grandes que otros, racimitos de semillas apelotonadas en un solo montículo, maduros, a punto de reventar. En los pequeños es fácil adivinar ya las cuarteaduras que darán origen al cúmulo de piedrezuelas. Esporas, pienso, este hombre es un hongo. Y me entra la duda: ¿es realmente un hombre? Tengo que mirarle la cara.

Al final de la escalera, el largo pasillo subterráneo semioscuro. Temo que desaparezca justo en el límite que marca el término de la luz y el comienzo del túnel donde la visión se licua totalmente como en un desmayo. No oigo el ruido del bastón pero distingo, unos segundos después, la silueta del hombre, bajo sin ser chaparro, ancho sin llegar a gordo, que se desplaza lenta y segura con una cierta elegancia moviendo el bastón que no roza el suelo. Si me adelanto lo perderé de vista y sencillamente no podré voltearme y verlo de frente con descaro. Mis ojos se van acostumbrando a la penumbra. Ahora veo su espalda un poco encorvada, un apenas perceptible temblor en las piernas, la mano derecha en el bolsillo del pantalón. ¿Le fosforecen las burbujas en el cuello? Las notas de una guitarra mal rasgueada invaden el espacio. No sé si afina o interpreta a tientas un fandanguillo que desconoce. Es un chico muy joven, desaliñado. Su estuche está abierto y en el fondo rojo yacen algunas monedas. El hombre hurga en la cartera y arroja unos centavos sin detenerse apenas. Pordiosero no es, me digo, cosa que de inmediato debí haber notado. ¿Será Borges? Ni sé por qué se me ocurre. Ahí está la salida, la cortina de luz licuada que nos espera. Otra escalera eléctrica que por suerte funciona. Ahora puedo verle los calcetines claros y los zapatos polvorientos y casi sin tacones, de tan lisos. Recorro el pantalón gris-azul y ahí está, al cabo de la camisa que ya conozco, en la base del pescuezo, el abultamiento. Así, desde abajo, parece otra cabeza, amoratada y a punto de desgajarse, lúbrica. Desciendo, por instinto, un escalón hacia atrás. Salimos. El chorro de calor me ciega. Me tambaleo y tropiezo con el último peldaño. El hongo parece caminar con un propósito definido. Ahora su figura me parece más larga. Va apoyándose en el bastón. Cojea hacia la izquierda. ¿Tendrá la cara llena también de volcancitos en erupción extinta? Como esos cuerpos cubiertos de burbujas de lava que alguna vez vi en Pompeya. Como los granizos del Paricutín. Alcanzamos un ancho camellón con prados, toldos, mesitas y sillas bajo frondosas acacias. Ahora sí, digo, si se sienta me le pongo enfrente. Se sigue de largo. Tengo sed. Voy sudando. Tampoco la sombra es fresca, pero al menos todo recobra sus aristas. Tiene las orejas grandes y muy separadas del cráneo. ¿Me rendiré? Lo intercepta un viejo corpulento con una caja de bolear zapatos. No se dicen nada. Se miran a los pies y se encaminan hacia una banca vacía. Me detengo en seco y espero a que empiece el rito del lustre. Atravieso la calle por detrás de ellos y avanzo lo suficiente como para poder regresar en sentido inverso y cruzar delante al modo de un paseante casual. No hay nadie… ✣

OFRENDA

Mira pues si la lumbre que
en ti hay, es tinieblas.

LUCAS X, 35

PARA MÍ EL VERANO es la oscuridad del día. En cuanto amanece he de correr las contraventanas, las celosías, y echar los visillos para que el cuarto no se me llene de calor y comience el sol a deslizarse escurridizo lamiendo con su incendio duelas, paredes, plantas y muebles. ¡Y qué difícil tarea! El muy taimado siempre encuentra un resquicio por donde colarse, raya lívida que atraviesa zalamera la cortinilla del tragaluz mal que me pese, pues ya no estoy en edad para trepar y ajustarla. Alguna vez estuvieron sus vidrios bien cubiertos, sí, pero hoy ese ojo es como un dios implacable que me acosa cuando el día alcanza su cumbre y el techo arde, arde como un monte arbolado y yo oigo el crepitar de las tejas indefensas, leña de sarmientos a merced de un fuego devastador y hambreado. De nada me vale saber que durante el invierno esa misma claraboya me dará la luz necesaria para sobrellevar la penumbra, este légamo donde florezco a medias, planta de crepúsculo permanente: la odio como el galeote encerrado en el fondo de un barco a la deriva que mirara siempre un mar sin fin ni principio bajo un cielo entoldado, bochornoso. Sólo tejiendo logro, a veces, olvidarme de él, astro inhumano. Mis manos no han sabido nunca estarse quietas, arañas laboriosas. Aunque ya olvidé en qué momento, blancas y tersas, los dedos largos sin nudos, ágiles, las uñas perfectamente pulidas y cubiertas de barniz, rojo de preferencia, fueron mi orgullo y alabanza de quienes contemplaban su primoroso quehacer: envoltura de regalos. ¡Qué prodigio de colores y papeles! Ésas sí eran luces dignas de ser miradas, brillo de tantas texturas y matices, gemas rutiladas, musgosas, oropimentes, olivinas, nacaradas, ópalos de fuego, lechosos, transparentes. Mi fascinación nunca conoció límite o saciedad en esa manipulación de cajas, lazos y hojas para envolver, ni en las expresiones de asombro y agradecimientos que mis oficios arrancaron, y todavía, pese a mis achaques, soy capaz de ensartar una aguja y de encontrar una mota de chaquira en el polvo. Pero ya no quiero saber de opalescencias ni rutilos, y digan lo que digan las dichosas monjas yo seguiré tejiendo mis carpetas con hilo crudo, sin color, sin adornos, por puro resentimiento, para lo que me pagan, además, las muy malditas, alguna tarde saldré a ver dónde las venden y qué hacen con el dinero dizque para los pobres, ¿acaso yo soy rica?, ¿de qué me quejo?, allá ellas y su caridad que bastante hacen con darme trabajo y traerme de comer, aunque me lo descuenten, para qué quiero de todas for-

mas el dinero si no es para pagarme un buen entierro,
eso sí, con una caja forrada de raso blanco, suavecito,
con hojas de albahaca fresca dentro, que huela bien y fuerte, y mi vestido de satén azul turquesa, reluciente, y que
me recen el novenario, no que yo sea mojigata, ni virgen
siquiera, ¡bendito Dios!, cuántos labios se abrieron sobre
mis manos y como flores sobre mi cuerpo mientras le
preguntaba al Señor "¿para qué me has elegido?", pues
nunca me casé, y aunque el cura diga que la fe es un camino más largo que la vida, por ahí se me atascó en algún bache cuando perdí la esperanza, pero descreída no
soy y el agua en que me bautizaron sigue siendo fuente
clara a pesar de mi alma reseca, vasija de barro que el verano agrieta aún más, ni siquiera le pediré que la ponga a
su derecha o a su izquierda, no tengo esas ambiciones de
santo, me conformo con que la deje ahí donde no se vea
en la necesidad de andar espigando resuellos de luz, a la
sombra de algún árbol celeste, cualquiera, da lo mismo,
con tal de que sea frondoso, sin luceras, sin estío, ¡ay!, ya
sueño despierta, curiosa manía ésta la de querer imaginar a todas horas el destino de mi alma "después", y no
es que tenga prisa por irme o apuro por quedarme, tampoco estoy al acecho de ninguna espera, el sigiloso andar
de la muerte no me va a tomar desprevenida, ociosa
tampoco, ¿qué haré con la memoria de mis manos?, porque ya mi pensamiento no engendra recuerdos, o tal vez
ya se calcinaron a pesar de tanto huirle al sol, o por lo
mismo, ¡ah! ya sé, sí, eso es, le ofreceré esas manos al Señor para derramar, como la Magdalena, bálsamo a sus

pies, o, mejor aún, para apagar, si es que existen, las llamas del fuego eterno... ❧

LEUCEMIA

We all live in the world as we ima-
gine it, as we create it.

ANDREY TARKOWSKY

N<small>O SUPO CÓMO O CUÁNDO</small> surgieron, pero ahí estaban. A ras del suelo. Botoncitos fusiformes color de rábano, tallo erguido. Algunos semiabiertos: apenas cuatro gajos de vientre blanquecino, el centro abugambiliado, esbelto. Tuvo piedad de ellos y no quiso cortar ninguno. Para indagar su naturaleza —ya que del origen la incertidumbre persistiría—, decidió instalarse a orillas del arriate donde brotaron.

Primero fue llegar rayando el alba a mirar y remirar por si había algún cambio, una mínima alteración, hasta casi el mediodía. Después, hasta el crepúsculo. Los husos emergían de uno en uno, a largos intervalos entre sí sobre los huecos de terreno pelado, sorpresivamente. Unos más apretados que otros, sin extender del todo sus cuatro labios carnosos, menuditos, sin crecer o menguar: tal cual los hallaba, tal cual se quedaban, como si al toparse con su mirada se petrificaran los cotiledones, la plúmula encogiera el cuello y la raíz detuviera el crecimiento, milímetro a milímetro. No más germinación subterránea.

Decidió descubrirlos, sin que se dieran cuenta, averiguar sus esfuerzos por romper la capa de tierra que impide el acceso a la superficie. Se hizo el desentendido. Incluso dejó de espiarlos. Se ocupó en trabajos que a lo mejor ni eran de su incumbencia: encalar las orillas del camino lindante; rebulló en su chinacal y tapó con nuevas cañas las viejas aberturas; cavó apantles para que les llegara el agua a los bulbitos y no fueran a atecolotarse. Pero sintió que la realidad se le iba deshabitando a fuerza de nostalgiar a esas creaturas incrustadas ya en su piel, nervaduras de fina red. Entonces reanudó el coqueteo asomándose al azar, sin hora fija. "Ya vengo mishijitas", les decía transpirando. No se dejaron sorprender sin embargo. Siempre que él llegaba, ellos ya estaban ahí, entunicados, cianóticos, con las estípulas bien atentas, más o menos dilatadas.

Y sí, se multiplicaban, apacibles, lentos. Obsesionado, cedió. Y fue a traer sus tiliches para pasar también las noches a la vera de los forúnculos. Nada pudo averiguar. Insomne, ojeroso, con el estómago lleno de vértigos, arribaba la mañana igual a la noche: vacía, y vacío él, un hueco negro escurrido hacia el desamparo.

Empezó a comerse los cogollos, impotente. Uno a uno. Repulsivos y babosos como tlaconetes se le coagulaban en el gaznate. Otros, se lo llenaban de ahuates sin siquiera saber de dónde la consistencia del cardo resbalando rasposo. Otros le enchilaron la tripa. Pero también hubo aquellos arcoíris de todos los sabores, atardecer de

malva y oro, yemas odoríferas de romero y menta, pana-
lillos de canela. Lo encandilaron. Ahinojado apretaba
entre el pulgar y el índice las vainas hasta extraer las gotas
espermáticas, hasta rescatar las chispas de entre su oscura escoria.

Su muerte no tuvo sueño ni recuerdo. Nadie tampoco
reclamó su cuerpo. Una tupida maleza cubre el lugar
hasta hoy en día… Amén. ❧

EL BALCÓN

Para Braulio

PENSÉ QUE SE HABÍAN MUDADO. O muerto. Pasaron días, creo incluso que fueron semanas, en que nadie abrió los postigos. Y no que tuviera yo algún interés especial, pero entre vecinos hay cosas que se notan sin remedio. El edificio en que vivimos tiene la particularidad de que todos los departamentos abren las ventanas a un patio central donde, igual, confluyen todos los pasillos y las puertas. Así que, quieras o no, uno siempre está al tanto de lo que ocurre en las viviendas. Con una salvedad: ésta de la que hablo se encuentra al mero fondo del corredor en el último piso, en realidad más arriba, en el ático, y tiene su propia escalerilla —de modo que no puedo saber si entran o salen—, y un balcón que veo desde mi dormitorio por encima del techo del edificio, con un ancho tejadillo que, sin embargo, no lo salva del escaldante sol estival, pues da justo al poniente.

Viven ahí dos hombres y un gato negro algo escuálido que come el pan entre sus patas delanteras sentado como una ardilla en el reborde del balcón donde dos veces por semana sacan a orear una planta igual de magra que el dicho animal. No somos, que se diga, unos inquilinos sociables, al contrario. Por eso, cuando el verano nos obliga a desnudar puertas y ventanas, nos ponemos de un humor de perro zarandeado y ni nos saludamos. Tampoco es que durante el invierno estemos a partir un piñón, pero, justamente, hay más fuerza en el cuerpo y hablar y echar pestes contra lo que sea hace circular la sangre.

Pero este verano ha resultado particularmente tórrido. Ni un vientecillo que le devuelva a las tejas su maciza consistencia: parecen las pobres un granulado de lava al rojo, ni se nota la diferencia de la una sobre la otra, y las palomas se resisten, incluso de noche, a detener su vuelo en ellas. Las antenas de televisión y la cruz de hierro forjado que señala al Norte, suspiran en agonía, semiderretidas. Tumbado en el suelo espío por las ventilas que se abren entre las antiguas vigas un atisbo de nube, una pequeña como la palma de la mano que suba de la mar, pero ni lluvia ni rocío, castigo de Dios por los muchos pecados, seca la tierra clama sin resuello, rescoldo vivo, y nada, nada desde hace un mes. Y hoy veo de nuevo a uno de los hombres, justo hacia la media tarde cuando más blanca es la luz y duele mirar. Es el gordo que tiene el pelo negro, el que parece ser hijo del otro gordo calvo. Siempre se turnan, porque juntos no caben, a la misma hora, para salir al balcón. También el gato. Y la planta. Trae su pantalón verde por encima de las rodillas y la camiseta color obispo. La gallega del segundo A escuchó

decir que fue presidiario, dizque en un verano de locura
—el termómetro alcanzó los 42°C— mató a su mujer,
pero la realidad es que no se sabe cuál de los dos, si éste o
el más viejo, pues son idénticos, salvo por la cabeza que
cuando la llevan tapada ni se distinguen.

–Buenas don Sebastián. No se deje crucificar por los
calores, un día de éstos le compro su ventilador.

¿Entra o sale? Es el mexicano nostálgico del tercero C.
Escucha canciones de una tal Eugenia León y bebe cerveza a mañana y tarde. Luego se va para la calle muy bañado. ¿Serán todos igual de habladores? ¡Crucificar! Eso es
lo que necesitamos: un sacrificio. Edificar un altar con
doce piedras, una por cada inquilino, y abrirle a cuchilladas el pecho al cielo para que deje salir las aguas.

–Don Sebastián, despierte. Aquí están sus migas.

Maldita sea, ¿por qué se empeñará Adelina en traerme
pan remojado? Aunque esté inválido, dientes tengo hasta
para dar. Como al gato, en escudilla recibo mi ración
cuando he sido servidor de Señores y en platos de porce-
lana, igual que ellos, comí. ¡Qué injusta es la vida! Otros
habrá peor, y ni rezar. Ahí está ya el otro gordo con su
camisa gris y sus pantalones deslavados. ¿De qué vivirán
esos, por ejemplo? Nadie lo sabe. Nadie sube. Nadie les
habla. Y yo no recuerdo ya cuándo fue el primer verano
que los vi así, acodados al barandal oteando el horizonte,
marineros sin rumbo ni destino. La verdad, son mi única
distracción, y las golondrinas que cruzan el pedazo de
cielo que mis ojos alcanzan, suficiente para saber del
tiempo que hace y hará, generosa pantalla, no escatima

detalles ni mensajes, por eso hoy me apura su aspecto: gotitas de sangre le sudan al sol y el aire que no sopla se podría cortar como manteca. Siento el vértigo de las tejas en mis propias sienes, el zureo agónico de las palomas, el impulso ciego que me haría, también, llevar los dedos al cuello de quien fuese y apretar, apretar hundiéndome en su carne hasta el mismito infierno, igual dará arder aquí que allá. Las manos de los dos gordos son enormes, y los brazos de boxeador en plena forma. Oigo la lenta caída del crepúsculo, el cansino deslizarse de las manecillas, el grito prisionero de las respiraciones, el agobiado arrastre de alas y de patas de los insectos. Estallaremos sin remedio, las casas, los coches, las tuberías inútiles, las fuentes ahítas, los animales sedientos y el balcón con su par de obesos asesinos, pues de qué privilegio gozan éstos para estar encima de todos nosotros en su palco, estallarán, estallará el mundo, ¡oh Dios!, no tengas compasión, no cubras tu rostro, míranos, serojas y polvo somos, no más, derrama esta noche tu encendida cólera y purifica a la tierra, levántale la sequía, no se amortaje en ella, y devuélvenos a nosotros a la ceniza…

—Fue la calor quien lo mató. Pobre don Sebastián…

—Yo digo que fue el viento ése muy fresco, casi frío, que sopló toda la noche…

—Pues tiene suerte: al menos lo enterraremos con lluvia… ❧

SIMPLICIDAD

Se muere en verdad
de no poder ya más vivir.
MARÍA ZAMBRANO

MANUELITA CAMINA siempre sombrilla en mano. Si es invierno, por las aguas; si es verano, por el sol. Y como ahí dos estaciones únicas tiene el tiempo, pues, ya se dijo, nunca sale de su casa sin sombrilla. En realidad tiene varias. Ésa es su pasión, principalmente las que usa para el calor: blancas de preferencia. Mas no se crea que haya alguna igual a la otra. Un detalle, aunque nimio, las distingue: las varillas, el mango, la tela: baquelita, ébano, marfil; tafetas, satén, muselina. Manuelita sabe gozar el gozo de estar viva, como si estuviese a la espera del amante o de la realización de un sueño cuyo cumplimiento un Ángel le asegurara en el mismo sueño. Acicalada con esmero desde temprano riega sus flores y reparte mimos entre los jilgueros. Después, Juana le administra un opíparo desayuno que, sigiloso, le redondea, día con día, brazos, caderas y el puntiagudo mentón. Pero Manuelita no es de las que van a prescindir del casero chocolate, de los bizcochos recién horneados, amén de otras golosinas que le encandilan el gusto, y el mirar.

–Te estás poniendo esponjosa como el hojaldre de tus pasteles, acusa el médico de cabecera que, por lo demás, ¡igual! se ocupa de todos en el pueblo, el muy insigne don Refugio, yerbero, comadrona, dentista, pedicuro.

Devota que se diga no es Manuelita. Poco se arrodilla en el confesionario y menos aún para comulgar. Con el padre Chon hace migas de tertulia sabatina. Juegan a los naipes. En los calores beben sangría; en las aguas, infusión de rosas; y en ambas temporadas consumen, abundantes, los dulces que pergeña Juana. No se le sabe de cortejo, aunque algunos viudos la pretenden, un forastero ocasional, pues de buen ver es Manuelita, vestigio le queda de pasadas galanuras, y el porte, eso sí, bajo las sombrillas y paraguas. Discreta es. Virgen, no es seguro. Solterona sin amargura, campechana y sencilla, no levanta envidia. Da lo que puede, de chismes se abstiene y a nadie le niega entrada en su casa. Los quitasoles, dicen, se los dejó su abuela, quien, un día, la trajo al pueblo, niña de rizos largos, huérfana, sin más explicaciones. Un año se fue de estudios a la capital y regresó cuando la abuela agonizaba. Alguien, se murmura, le hirió el alma —y quizá la carne— por allá. Cartas y más cartas, según Juana, recibió y escribía. Luego se acabaron. Entonces empezó el ritual de sombrillas y pasteles, y el color blanco en muebles, paredes, blusas y enaguas. Todos los tonos blancos, lechoso, nacarado, amarillento, lunar, opalino, brumoso, albo impoluto; y sus texturas, granillo, angora, peluche, deshilado. Ocupa su ocio de pueblerina amodorrada en tejer y enseñar el arte después del catecismo en la parroquia. No pierde compostura frente a los dedos torpes o los desaliños de sus alumnas más interesadas en echar novio que en aprender ganchillo.

Tal vez algún día de lluvia, recuerdan, miraron distancia en los ojos de Manuelita y una como tristeza en sus manos. Tal vez en alguna merienda rechazó el postre y alegó malestares. Quizá también una mañana olvidó a sus canarios. Las rutinas terminan por volverlo a uno distraído, desatento de sí mismo y los demás —¿hace cuánto que finó la Juana?—, tal parece que una muy tenue roya fermentara imperceptible llenando de arenisca las coyunturas de los huesos y las trabazones entre las cosas, inclusive entre los días y las horas. Alguien se habrá percatado, sin embargo, de una tarde hueca de su quitasol blanco, y luego de otra, y otra más. Oquedades que, al fin y al cabo, llenaron de afonía el cotidiano va y viene: la mudez de lo que no se pregunta, ni se solicita, ni se ofrece. Fue don Refugio quien dio la noticia. Embolia. Fue el padre Chon el que decidió amortajar a Manuelita con cuanta sombrilla cupo en el ataúd marfileño. ✤

NOCTURNA ERRANCIA

Ignorante del agua
voy buscando
una muerte de luz
que me consuma

FEDERICO GARCÍA LORCA

IENE UNA MUY ALTA IMAGEN de su persona.
Camina con la cabeza erguida y el cuerpo tenso, cerrado, los hombros caídos. La suya no es
una delgadez que haya consumido la carne en ascetismos
alimenticios, metafísicos o intelectuales (aunque no se
descarten del todo), sino en pura mezquindad de no dar
nada de sí mismo, de guardarlo todo sin compartir, de
evitar cualquier posible contacto de su cuerpo con el
exterior. Unas orejas enormes despegadas ostentosa-
mente de su parte superior, el cráneo con cabellos al
rape, no tan calvo aún como para no reconocerse que
ahí hubo abundante mata de pelo. La nariz ganchuda
entre las gruesas gafas y los pómulos salientes y huesu-
dos. La boca carnosa, sensual, semioculta por una barba
cerrada entrecana y rasurada casi al ras como el cabello.

Delgadez por autofagia y rencoroso encerramiento que practica casi con unción durante el día, salvo para los menesteres domésticos más indispensables.

Pero cuando la luz le cede el paso a la noche, él se abisma en la ciudad, obediente al capricho de sus pasos, rastreando la calle, los zaguanes y portales, las figuras, los rostros, a la caza de un gesto, de una palabra que le revelen, al encender el cigarrillo ajeno, al responder invariablemente "no gracias" al invite procaz, el reino de la consunción prohibida. Merodeador de los nocturnos recovecos del nocturno balbucear de larvas humanas, se alimenta de mirarlas, de prender los garfios de su mirada, semejante a una sanguijuela, al espectáculo variopinto de esos seres que ocupan los sitios más inverosímiles, pero perfectamente detectables, en las callejuelas citadinas. Sus ojos no necesitan de las farolas ni de la luna llena para guiarse. Saben abrirse paso y deslizar su acoso a través de las penumbras y las heridas, el maquillaje, el travestismo, por intrincados que sean. No busca nada que haya perdido, sino porque lo perdió —irreversible— camina así, un cigarrillo entre los dedos, la otra mano pendiente al costado, durante las noches del verano cuando el acallamiento de las voces diurnas deja surgir a esas otras voces, más silencio que música, en ese momento impalpable en que se escucha el silbo del mirlo y empieza a soplar un tenue vientecillo que irá arreciando conforme avance la madrugada y suba el olor húmedo de las calles recién lavadas, saciadas más bien, de su agobiante calor.

Entonces se afloja un poco, como el arco que descansa

una vez disparada la flecha, y naufraga en ese olor —ardor— presagio de otros sudores que suben de la carne acariciada hasta su licuificación. Y a veces, si golpea a sus oídos un barullo especial que él conoce bien, o sus ojos —herida de por sí— topan con el inconfundible celaje, pero sólo a veces, se deja atraer al reino ignominioso, oropel de veladuras y penumbras, él, el enamorado de la mirada, para alimentarse del mirar. Cuerpos jóvenes, adolescentes, núbiles, en cuya espalda se confunde el sexo para ser sodomizado, ángeles sin alas que prestan el orificio de su desnudez a todo juego de penetraciones para su goce y el gozo del que paga por ver.

Y así hasta el alba, antes de que la aurora despunte. ❧

TREGUA

A Irena

L A NIÑA LA VEÍA rezar y Ella se sentía impura bajo esa mirada espiando por el rabillo del ojo sus gestos de falsa devoción en las flojas manos, de magro ofrecimiento en el cuerpo desguanzado. Ni Ella misma se percató del momento en que se le adormiló el rosario, mustio, entre los dedos, y otras palabras y otras imágenes sustituyeron a las oraciones repetidas con hipnótica desgana. Y sin embargo, su alma estaba atribulada, y sinceramente se había acercado a la capilla, como otras veces, para orar y recibir un poco de consuelo con que raspar ese pegote de soledad crasosa adherido a su piel en cada pliegue, arrugas de papel crespón tan difíciles de alisar y que hoy pareciera la niña adivinaba, chisporroteo confundido con las mil y una flamas danzando en las veladoras frente al Cristo milagroso, Señor del Veneno sanador de todas las heridas, visibles y no, las físicas y las otras, magulladuras, tumores, luxaciones, esguinces, fracturas, cuchilladas, navajazos, tullimientos, supuraciones del corazón o del alma, excrecencias de la mente, derrubios del ánimo, cuántos ex-votos esperanzados

penden de la pared en un largo paño negro aterciopelado
con sus moñitos rojos tan bien anudados, una pierna, un
ojo, una mano, un pie, un brazo, corazones, muchos, chicos,
grandes, plateados, amarillentos que semejan oro, "gracias
Señor por tus bondades, llena de amor vengo a postrarme a
tus divinas plantas, a acercarme a tus llagas, a sentir el rocío
de tu sangre bendita y a pedirte lo que Tú puedes conceder-
me", y concede, sin duda, aunque Ella siga como quien anda por el filo de una espada y haya invertido cirio tras cirio
en la esperanza de ver su voto realizado, una velita entre
tantas, piensa, nada difícil a fin de cuentas, ¿o acaso es más
sencillo curar los males del cuerpo?, ¿más rápido? Hoy llegó
demasiada gente a la capilla, y con tan pocos bancos los que
permanecen de pie se enciman y pisotean. Y luego el calor.
La niña, quieta, la observa. De pronto Ella se siente recon-
fortada. No la están juzgando. Hay en esas pupilas infantiles
un destello tranquilo, ni curioso ni apremiante, una invita-
ción a entregar la espalda al apoyo solicitado, el dolor al silencio, la espera al tiempo. Ni siquiera se trata de un acto de fe.
Sólo de una tregua. Abandonarse. Abrirle paso a todas esas
burbujas de luz con los ruegos dentro y hacerlas suyas, be-
berlas, comulgar con el espasmo de las penas y sufrimientos
ajenos ahí confinados, disolver las cadenas de sus prisiones
en el torrente de su propia sangre. Liberarlas. Liberarse. Aflo-
jó los hombros, las piernas, el abdomen, las caderas. Cerró
los ojos y respiró profundamente. El murmullo descendió
hasta las plantas de sus pies descalzos. Se le perló de sudor la
frente, se le humedecieron los sobacos y las ingles. El llanto,
dulce, suave, se dejó venir… ✄

PRISIONEROS

Toda guerra tiene su meta. También
ésta. Si no, todo carecería de sentido,
sería un crimen lo que hacemos. El
fin de esta guerra es que la paz sea
mejor…

MAX FRISCH
Ahora vuelven a cantar

ESTÁ MUERTO, lo sé, estaba muerto desde antes, si
no, ¿para qué tenía que haber volteado a mirar
hacia la cámara?, ¿por qué no se quedó con la cabeza gacha dentro del albornoz como los otros? ¿Rezaban? ¿Dormitaban simplemente bajo el calor espeso? No
todos. Están sentados en el suelo, en filas de diez en diez,
los pies cruzados en flor de loto, las manos atadas tras la
espalda. Por la manera en que las sombras de los cuerpos
se alargan hacia el frente diría que atardece, que ellos tienen delante al inmenso desierto que se apresta a recibir a
la noche mientras el ocaso tiñe de granate a las arenas y
un viento helado dispersa los penúltimos rayos de luz.
No pide ayuda. Su hombro izquierdo está un poco des-

plazado para que la cara se le vea bien, completa, el mentón, la boca semiabierta, los bigotes negros, un leve gesto de asombro en las cejas rectas. Tal vez se pregunta qué hago yo ahí interrogando con mis ojos tras la lente el destino de esos soldados prisioneros que mejor hubieran muerto que caer en campo enemigo para torturas ciertas. No me acusa, no cuestiona mi privilegio de observador. Me acuso yo, ahora, al ver la fotografía y descubrirlo a él mirándome mientras los demás se pierden ya, anónimos, difusos, fuera de foco. Él no, él está íntegro en su estar. Y yo vi el oprobio sin conmoverme, y argumenté que al fin cada quien en esta vida ejerce su oficio y tiene su tarea. ¿Acaso él, por gusto, como yo, escogió el suyo? ¿Acaso para matar o ser capturado vivió? "Extiende Señor tu manto de Paz sobre aquellos que sufren opresión, injusticia y hambre." Pronto se cansarán; semiencorvados así se acalambran las piernas, la cadera se tensa, la vejiga hormiguea incontinente —¿acaso me quieres pedir algo?, yo que en el momento de apretar el botoncito no me fijé en ti, sólo pensé en el impacto de un testimonio, la denuncia, lo evidente aunque sin nombre y lejano; que al menos queden libres los brazos; fugarse es el derecho que tiene cualquier prisionero, y si la noche se lo traga, o cae exhausto en la huida, o le disparan a traición, habrá escogido la esperanza como escape—, se contracturan los músculos del cuello, los hombros agarrotados, zumban los oídos, se reseca la garganta, se nubla la vista. ¿Qué aguardan antes del fin? No tienen nombre, pero tú que me ves y cuyo rostro contemplo tienes uno y aún eres jo-

ven, y quizá el entusiasmo bélico no te prendió sino fue
un sueño más próximo de cotidiana felicidad, ¿o es ahora cuando lo reconoces?, ¿ahora que ya es tarde, que cualquier victoria es derrota segura? La muerte es el enemigo,
esté del lado que esté, la víctima será siempre la vida misma. Retortijones, el miedo contrae la boca del estómago,
espasmo, la angustia y el miedo aflojan el esfínter. Por un
tiempo nadie reza, ni murmura, ni maldice, una nube
densa de remordimiento, de recuerdos, de odio, se despa-
rrama entre los cuerpos ebrios de cansancio y de frío,
"Señor, apiádate misericordioso de tus creaturas, recuerda que son tu semejanza, tu imagen, que en ellos hay ac-
tos más dignos de amor que de vergüenza." ¿Acaso tú
que te expusiste así a la lente de mi cámara confiabas en
la divina misericordia? ¿Te aprestaste a la guerra confia-
do en qué conquista? ¿Cómo fue el día anterior al día en
que caíste prisionero? ¿Qué amuleto cargas en uno de tus
bolsillos para protegerte? ¿Lo llevas al cuello pendiente de
una cadeneta fina? Ya no sientes el escozor en las muñecas, las articulaciones de codos y rodillas igual se entume-
cieron, tu sacro es hielo, el aliento alrededor hiede, gime,
el tuyo arde, las respiraciones entrechocan sus agonías.
Indiferentes ya, sólo preocupa lo propio, el estrechísimo
cerco en el que cada cual se evade con sus temores y re-
cuentos, tal vez sea la hora llegada, se encierra con su náusea, su gota, su asma, su artritis, su hemorragia, hasta
reventar, se incinera en su fe, su desprecio, su ofensa, su
fracaso, su renuncia, claudican, ¿tiene caso recriminarse
ahora por lo no vivido?, ¿reprocharse lo hecho y lo no

hecho? Sin embargo, es imposible ignorar ciertos ruidos, ¿estertores?, ¿flatulencias?, ciertos movimientos, ¿convulsiones?, alguien se arrastra, ¿hacia dónde?, ¿por ventura logró desamarrarse las manos?, ¿es eso lo que tú me querías pedir?, que me acerque, a lo mejor sugiere tu gesto, y corte tus ataduras al amparo de ese crepúsculo que diluye los contornos y, por unos largos momentos, distorsiona y confunde todo lo que se mueve o permanece quieto, bultos nada más, borrosos, desleídos, pude haberme agachado como quien recoge algo y, en efecto soltar de un tajo la ligadura de tus manos, ¿qué guardián sospecharía de un fotógrafo extranjero arriesgando el pellejo por un incógnito prisionero de guerra? El hombre junto a ti cae de costado, ¿se desmayó? ¿Expiró? Alguien llora suavemente. Un grito clama por agua. Aquél pregunta "qué esperan para llevarnos al campo de internamiento, nos helaremos aquí en cuanto llegue la madrugada". ¿Y dónde, por cierto, están los camiones que habrán de trasladarlos? Yo debería de haberlo adivinado en el apresuramiento de los oficiales que conminaban a los reporteros a subir en los jeeps, por eso no me fijé en ti, pero tú supiste entonces que huíamos, que se iban a quedar todos, todos ustedes abandonados en pleno desierto y que las arenas habrían de cubrir a lo largo de la interminable noche, uno a uno, cada cuerpo, sin dejar ninguna huella, ningún rastro, impunemente… ✄

EXPIACIÓN

A Leonardo

AHÍ ESTÁ, frío contra la piel caliente, ancho y corto, curvo por un lado, recto por el otro, plano, silencioso e inquieto, inocente aún, el mango largo del tamaño de la mano apretada sobre él, acero puro inoxidable, lo ha llevado días y noches, sin la funda, atado al cuello como quien se cuelga un amuleto, el hilo grueso de cuero que lo sostiene llega justo al pecho y de ahí pende, hacia el plexo solar, entre las tetillas, los filos amortiguados por el espeso vello negro —Amira enreda sus dedos y su lengua, ríe, imagino, dice, un bosque de pinos, aquí puedo descansar porque, después, en tu valle oscuro me disgrega el incendio— huérfano ahora, tanto hace ya que ni recuerda, de juegos y caricias, fue su opción, nadie lo convenció, algo, de pronto, se transformó en irremisible urgencia, algo más fuerte que su amor —ella así lo supo y se retiró, para no restarle la fuerza, para dársela de otra manera, un coraje sobrio— porque había que arraigarlo al suelo propio, a su permanencia, ¿cómo en tierra de nadie iban a habitar la casa de sus nupcias?, ¿dónde germinar las futuras fructificaciones? —ella entendió esa impotencia, la desesperanza, la vio crecer cuando el abrazo empezó a violar la ternura y corrompió al placer—, demasiado tiempo se desentendió de un diálogo que pasaba a través del odio, no creía en él, lo dijo y sostuvo frente a los otros, los extremistas apedreadores y suicidas, francotirador de una libertad condicionada, poeta que hizo del exilio interior morada, ninguna fatalidad, ningún destino tocó a su puerta, fue súbito como la eclosión de los almendros que se preparan en lento silencio y pretenden sorprender inesperados en la blancura de sus flores —Amira alarga las manos hacia las ramas, una mariposa no habría sido tan suave, luego le toca el rostro "para que te lleves su luz", dice y se iluminan sus pupilas—, fue una pausa, un paréntesis, y no a consecuencia de un allanamiento más, de otra deportación errónea, de la cárcel injusta, de la cotidiana suspicacia, sino de la plenitud de su misma felicidad, una fisura mínima, tal vez un ritmo que se perturba apenas, una mota de arena en la respiración, una sospecha de muerte

una sospecha de muerte, una mota de arena en la respiración, tal vez un ritmo que se perturba apenas, una fisura mínima en lo que de por sí es pleno, un tufillo que impregna los olores del campo y envilece al perfume de los jazmines, la sorpresa de despertar una mañana a la

intemperie a pesar de la tan amada cabeza reposando
aún su sueño en la inmediata cercanía, después el tajo de
la separación y el inicio de una búsqueda ciega, autóno-
ma, secreta, una náusea de sangre, la imagen de un cuerpo que se desfonda y se hunde tranco a tranco, burbuja a
burbuja, en un descenso presuroso por hallarse ya en el
altar de su inmolación, polvo en el polvo se supo desin-
tegrado sin remedio, y se vio como aquel que llevó a
cuestas su propia mortaja en la fatiga de una andanza
milenaria sin lugar de reposo, pies sin huella, el hermano
enemigo del hermano hasta confundir los nombres ge-
melos de su imposible fraternidad en la consigna de re-
parar ese cara a cara negado, fue entonces que lo encon-
tró, cuando se fundió a su rostro el rostro de su contrario
—ambos extranjeros—, y en la memoria las causas ori-
ginales se hicieron tarea impostergable de liberación me-
siánica, cuando del calabozo donde cayera su razón se
vinieron abajo los muros y el límite de lo prohibido se
esfumó columna de niebla que el huracán borra para dejar únicamente el camino por recorrer, el propósito de
devolverle sus justicias a la tierra mancillada y al hombre
esclavo del hombre, pagó lo que el anticuario pidió por
él sin discutir, como un conocedor que incluso conside-
ra inferior el precio al valor del objeto, horas enteras pu-
liendo hasta que, espejo, manantial sin onda alguna, cordero sin tacha, se lo colgó al cuello, la punta sobre el
fuelle de la respiración, frío, siempre frío, empezó a mez-
clarse con la muchedumbre en el mercado, a dejarse
apretujar, a recibir codazos, empujones. algún sondeo

subrepticio a sus bolsillos, tranquilo, sin escamotear insultos, como uno más, familiarizándose con la mirada ajena, las formas bajo la ropa, la silueta, la flacidez de la carne, la hondura, el costillar, reconociendo al sustituto perfecto —*Yo soy Tú cuando yo Yo soy*—, sacrificio ígneo de olor grato, y el lugar propiciatorio de fácil acceso y fácil huída, sombras que le traían al sueño la geografía precisa del camino que quería recorrer sin titubeos a la hora de atravesar el puente sin retorno, las simas del callejón sin salida, sueño sin reposo aunque exento de pesadillas

sueño sin reposo aunque exento de pesadillas, de imágenes, neutro, nada a qué aferrarse, tronco a la deriva, balsa de náufrago, bogar de hoja en una corriente abismal con la única conciencia del peso sobre el esternón y de la ofrenda por ungir, inclusive cuando decidió por fin introducirlo en una de las bolsas de su abrigo, su disfraz, ancho y largo, de paño negro, holgado, y transitar así en el mercado entre la gente y los puestos, invisible a fuerza de hacerse tan escurridizo y nimio, a veces sin siquiera apretarlo con la mano por el mango para que no fuese a salir a través de la tela, a herir con la punta, a rasgar inadvertido, porque el golpe tendría que ser uno, certero y limpio, y tan profundo que ninguna queja emitiera, un fuego que estalla dentro de un recipiente sordo, ensordecido por la voracidad de sus mismas llamas —un instante flotó en su olvido la cabeza de Amira desmadejada hacia atrás, la boca entreabierta, sonriendo, los párpados semicerrados, el rostro reverbero en el éxtasis de su entrega—, consunción silenciosa de tan potente, papel que deviene ceniza y se

arruga nervadura a nervadura, sin escurrir, un golpe uno y
certero —porque todo cuerpo, le había dicho ella antes de
la ruptura, es templo de amor, no profanes el cuerpo santuario del espíritu ni profanes el espíritu tabernáculo de
Dios—, golpe de obsidiana que abre veloz y extrae vivo el
corazón aun antes de que el alma exhale su último aliento,
venablo que se clava en la yugular con silbido imperceptible, la navaja que atraviesa sin obstáculo membranas y en-
trecijos, la soga que corta de la cerviz el flujo vital, nada de
venas tasajeadas, coágulos, salpicaduras onerosas, entra-
ñas derramadas, saqueo de grosuras, hediondez, el golpe
limpio sin mancha, apenas el piquete de un alfiler, aguijón
de avispa, mordedura de áspid, la eficacia de un veneno
letal, y así amaneció un amanecer con el puño aferrado al
mango frío, los labios resecos y el aliento entrecortado, ligero no obstante, la hora llegada, bañado en el agua, puro
de toda iniquidad, oblación voluntaria, leve su cuerpo
copo de nieve, vestiduras de lino vestiduras sagradas, el
pensamiento la cuerda de un arco tenso, listo, vacío, cada
músculo un ojo atento, cada nervio un vigía, la mirada
carbón encendido, la voluntad en la decisión de ofrendar,
de una vez y concluyente, el sacrificio expiatorio

la mirada carbón encendido —donde emerge la luz
divina no hay lugar para otro fuego—, la voluntad en la
decisión de ofrendarse sacrificio expiatorio sacrificio de
reparación: *Ala u-ákbar…* El grito lo confundió. A ciegas, ajeno a sí mismo, apuñaló a diestra y siniestra sin ti-
no alguno antes de morir lapidado por los vengadores de
la sangre… Expiación por el delito… ❧

LA CEGUERA

¿Alguna vez te preguntaste, Edipo,
por qué los desdichados se vuelven
ciegos cuando envejecen?

C. PAVESE
Diálogos con Leucó

VIVIR NO ES FÁCIL, ser hombre, menos. Duele, no se sabe por qué, pero duele, como un diente que no se acaba por desprender y ahí está, testereando el nervio a flor de piel con pequeñas intensas descargas a ratos sí a ratos no, quieto sólo para darnos la ilusión de un alivio, de un olvido que seduce, de un yugo que se vuelve ancho brocal nomás para permitir empinarnos mejor y caer dentro. ¿De qué sirvió tanto beber y tanta fornicación? Igual el pozo no se sació nunca y únicamente por ráfagas cerré los ojos y dije me quedo, estoy en paz, marinero que se aferra en tierra firme a su mareo de alta mar, o el insomne en su vigilia al parpadeo que le otorga el alba; y conste que no hablo del desamparo, porque a ese descobijo no hay ni qué le cubra el frío, por más que lo apriete el desconsuelo de otro cuerpo, salvo el cielo raso, pues todo es Dios, dicen, y a Él pertenecemos, a Él, a Ti que acusan, reclaman, agradecen, ¿mas quién intercede por Ti?, ¿qué voz se eleva para enjugar de Tu frente el vaho de tanta saliva como escupimos? Pobrecitos de nosotros tan huérfanos de consolaciones para Él, sí, para Ti que llevas sobre los hombros la carga de nuestras indiferencias y abandonos y tras los párpados el sueño que nunca terminamos de soñar y tanto Te hiere porque en él vertemos duda y amargura más que esperanza o espera, déjanos respirar, Tu soledad nos ahoga, nos agobia el pecho y deforma la espalda, pides demasiado y nos moldeaste frágiles, sabías que no estamos hechos para la pureza, ¿a qué exigirla con tal denuedo y después acusarnos de haberte defraudado? Una batalla contra la desesperación y el resentimiento somos las vasijas elegidas por Ti para depositar en ellas el dolor y el exilio, Tu dolor, Tu exilio Señor de todos los caminos que hundes el báculo de Tus peregrinaciones en el arco de nuestras vértebras, una por una, una tras otra, y no porque quieras quebrarlo o debilitar los ligamentos; somos Tu soporte, el esqueleto que sostiene la respiración de Tu universo vacío con el oxígeno de nuestros pequeños goces, de cada mínimo alborozo, suspiro de contento, felicidad arrancada al vértigo de nuestras propias oquedades. En Tu voluntad por abrirte ilimitado fundiste en Ti nuestros propios límites, de ahí que no podamos imaginarte próximo y cercano y que debas recurrir al arsenal de Tus simulacros para arrancarnos una plegaria como quien, hambriento, roba un mendrugo de pan, una limosna para el amor de Dios; amor sin tregua que no encuentra su paz,

la naturaleza toda no puede contenerlo, desborda nervaduras, capilares, corpúsculos, y se vierte en las aguas que
tampoco absorben Su infinito anhelo y es entonces que
penetra fuego líquido en nuestra sangre, sal en el humor
de las lágrimas, alcali en el semen, menstruo dulzaino, yo
Te sabía presente en cada uno de mis espasmos, en mi
prepucio ahíto, en mi temor al óvulo empreñado de la
hembra abrazada, en mis eructos de borracho, Tú te ali-
mentas de nuestras alegrías y nos dejas el dolor para con-
solarte, vulnerable, cualquiera de Tus nombres es un venablo. "No preguntes por qué y cumple tu destino —me
dijo el Ángel—, y si fuiste elegido blanco de las divinas
saetas, inclina humilde la cerviz y acepta pues *tú llevarás
el yugo que venías a deshacer, la angustia que venías a curar*." Esa es nuestra única libertad, ¿no es así?, aceptar el
abismo donde se vacía Tu parte divina, gota que nos ho-
rada gota a gota y va filtrando su orín en el humor aglutin-
ante de nuestras células y lo enloda, sustancia gelatino-
sa y amorfa que Tu añoranza intoxica: como la baba del
gusano vas tejiéndote casa en el destierro de ese músculo
hueco que nos diste por corazón y, a veces, sí, es verdad,
a veces el aleteo de Tus alas ilumina ese espacio multi-
cavitario con un relámpago de fulgor inolvidable suficiente para darle sentido al impulso con que arrastrar la
roca cuesta arriba, sísifos bienaventurados, mas a veces,
también, es verdad, a veces la crisálida aborta y su fetidez
corrompe todo aliento, incienso maligno que ciega nuestras esperanzas y va dejando su fosforescencia en la mirada, ojos incapaces ya de horizonte, veladuras que tatúan

su perfil de máscara engañosa cual si fuera un verdadero rostro. Tú mismo nos empujas a la idolatría y nos colocas el cuchillo entre las manos para degollarte: no otra cosa inmolamos sino Tu propio Nombre. En cada sacrificio perjuro e infiel Tu efigie hendida en nuestra semejanza se astilla infinitesimalmente, ¿cómo recobrarte entonces?, ¿cómo reconciliarnos con nuestras equivocaciones y desengaños, con lo que no quisimos dar y tampoco recibir? ¿A dónde llega tanto camino recorrido? Podría también, al igual que Job Tu siervo, sentarme con saco roto en la ceniza y clamar, podrida la voz por una lancinante nostalgia de justicia, y negarme a aceptar culpa alguna a causa de las postergaciones, los escamoteos y las ambigüedades con que ocultamos Tu de por sí oculta Presencia. Y podría recordarte que no es nuestro sufrimiento consecuencia de ningún pecado castigo de Tu mano vengadora, sino el piadoso hontanar donde recogemos Tu atribulado exilio, ¿mas qué necesidad tenemos de mentirnos tanto? *La verdad no es una razón, es una pasión* —me dijo el Ángel—, *y lo menos razonable del hombre es su ser verdadero.* ¿Se te ha enfriado alguna vez el corazón —quise preguntarle— a causa de las claudicaciones?, ¿podrías contener en tu ígnea natura el fuego como clavo en la cabeza, sorda presión interna difícil de precisar, violento, a veces pulsátil, perforante, que martillea pesado y en accesos, a veces imprevisto, que zumba y obnubila sin reposo nuestros días de mortales inconformes, veniales? Te aprieto contra el pecho y tu sustancia incorpórea y angélica embalsama mi carne. Lo que hay bajo todos los cielos es Tuyo, Señor, ¿y quién soy yo para pedir cuentas? No voy a condenarte para quedar yo justificado, ni a cuestionar Tus designios cuando me has escogido vaso de custodia… Señor de las reyertas intangibles, házme instrumento de Tu divina Misericordia y reconcíliame con esta carga que acepté para mirarte mejor desde dentro y cobijar Tu palabra, yo, Tiresias, tiniebla iluminada… ✺

EL METEORO

Los antiguos romanos veían en los cometas —a los que llamaban estrellas peludas— un signo de maleficio. En 1456, el Papa Calixto III llegó a excomulgar al Cometa Halley por considerarlo un agente de Satanás.
El más antiguo calendario Galván 1984

MI NOMBRE ES EZEQUIEL, "el de los ojos abiertos" me llaman, y lo que quiero platicar ocurrió allá por los últimos años del último siglo después, o poco después, de una espantosa explosión que dejó a la mitad de los habitantes a merced de los vientos y de las aguas y de las inclemencias del sol que por estos lugares es fuerte y despiadado. Fue un martes por la madrugada para amanecer a poco cuando se escuchó el estallido y todo se cimbró con ruidos de mar bravo, de hornos que crujen como tambores reventados a macanazos y pedradas, de tronadero de pólvora en Sábado de Gloria. ¿Quién lo hubiera dicho si todo se durmió tan tranquilo, tan quitado de la pena, tan como siempre? Pero así suce-

den las cosas, de un de repente y en un santiamén, sin
acierto ni concierto, nomás porque sí, pa destantearnos
no sea que olvídenos ónde estamos y pa qué vinimos, como dijo el señor cura, castigo de Dios por nuestros pecados y desatinos, pero como nos ama no nos deja de su
mano y así nos dispierta y abre los ojos. ¡Pues bendito
Dios qué desastre aquello! Ni lirio ni hierba del campo
quedó. Humo y fuego por todas partes. Las casas, las plantas, los animales, y tanto cristiano corriendo como antorcha y abrazándose a los barriles de agua nomás pa caer
reventado ahí mismo. Un achicharradero sin ton ni son,
y quién más quién menos naiden quedó bueno y salvo
porque si no le tiznó alguna brasa cualquier parte de su
humanidá, pos quedó sin techo, o sin paredes, o de plano sin nada, ni lo que estaba sobre la peña ni lo que se edi-
ficó sobre la arena, ni al que buscó ni al que llamó, ni a los
postreros ni a los primeros, el árbol maleado y el buen
árbol, los sanos y los enfermos, ónde, me decía yo, la tal
justicia divina tan mentada, nos llovió parejito, y entre
que si fueron peras o fueron manzanas, los pocos que que-
damos aluego nos dimos a la tarea de medio levantar
aquellos barruntos de vivienda, y de descombrar las tierritas pa poder sembrar lo que fuera y no morirnos de
hambre para colmo. De por sí el pueblo no era lo que se
dice ni grande ni próspero, sino más bien de poco trabajo
y gente cansada, "pobres de espíritu" asegún el señor cura, "rehuellen como los puercos con sus pies las perlas",
¿cuáles? nos preguntábamos, de dónde los lujos si todo era
esperar a que pasara el tren ahí de tanto en tanto y de vez

en vez, pues raro que bajaran visitas, a lo más los mismos que se habían ido o algún familiar en ocasión de entierro, o de boda y a lo mejor hasta de bautismo, cada quién hacía como que hacía en sus propias tierritas y aunque no había mucho, pos tampoco faltaba, y lo que sea sí la íbamos llevando hasta que al curita le dio por acusarnos de buenos para nada, embotados sin ambición, anémicos, él que siempre había sido tan acomedido y tranquilo, tan hecho a nuestras mañas y remilgos. Un día domingo, vísperas de Cuaresma, sin más ni más, que se le suelta la lengua y ahí lo tienen hablándonos de la condenación eterna a cuenta de no recuerdo qué con los pecados capitales y el sueño del alma y las chispas luminosas. Primero creímos que se había pasado de tragos, después que a lo mejor las calenturas, aluego que las pesadillas del hígado, pero no, porque a partir de esa mañana no desperdició ocasión ni evento para sermonearnos a voz en cuello y fulminarnos con todos los azufres del Infierno. Repetía y repetía la misma cantilena —"Despierta tú que estás dormido… Termina con el sueño que pesa sobre ti… Sepárate del olvido que te llena de oscuridad"— mirándonos largo rato a los ojos uno por uno hasta chiviarnos. Y una tarde juró que nos iba a caer directito del cielo el chahuistle, que una tal Babilonia y un no sé cuántos jinetes, que dizque la hora había llegado porque éramos pior que sepulcros blanquiados y que el océano estaba en sabrá Dios qué única gota. Y como que quiso darnos frío, pero la verdá no entendimos bien a bien de qué iba la cosa, unos hablaron de toloache y de embrujos, otros de vi-

siones visionarias, y los más de que se había deschaveta-
do. Juan, que vino de la capital cuando murió su mamaci-
ta, albañil y más léido, habló algo de choque de estrellas,
de un sol negro ladrón de almas y del fin de los tiempos,
y se entretuvo horas y horas encerrado con el señor cura.
Después se dijo que la culpa la tuvo la cometa hija quez-
que del mismito Satanás, por eso nos soltó su maldito
xioti, que ya San Miguel nos tenía en la mira y que de
todas las maneras el pueblo desde endenantes estaba con-
taminado, así que la miasma que respiró fue como llover-
le sobre mojado. Yo de eso no entiendo. Mi trabajo fue el
de enseñar mal que bien las letras, pues ni a maestro lle-
gué, nomás porque como iscuintli anduve con mi apá de
tlacualero entre las rancherías de más allá del monte, lo
que sí sé es que de a un hilo empezaron de uno en uno a
hacerse lacios lacios todas las gentes, dizque se sentían
como burbujas y les entraba la gana de no hacer nada,
echados, la mirada en blanco y la sonrisa en la boca, porque, eso sí, tristes no se veían, y así se iban quedando,
embarrados donde cayeran, riendo como benditos. En la
única torre que le quedó a la Iglesia el curita duro que le
daba a la campana como si toda la fuerza la sacara de ahí,
y arengando pa que vigiláramos a los que se andaban
adormilando pos una vez cáidos ya no había modo de
alevantarnos —"Soy la voz del despertar en la noche in-
mortal"—; parecía endemoniado con tanto grito y ser-
món, como si el mismito Dios le fuera a pedir cuentas
personalmente en persona de cada uno de todos nosotros, pero no tuvo remedio. También el mal le llegó a él,

y ahí quedó sentadito panza arriba con los ojos idos y su risota bobalicona. Yo entonces mejor me fui. Anduve buscando al Juan, pero en la capital también vi el círculo de fuego oscuro y harta gente lacia lacia tirada por donde quiera, hinchados, así, inmundos, porcinos, por eso a Ustedes, si ahora me oyen, si todavía tienen conciencia, mejor les digo pos que se vayan por el camino a platicar esta historia —"Despierta... Termina con el sueño... Sepárate del olvido..."—, que dizque la Pereza va acabando con todo... ❧

JARDÍN DE INFANCIA

Vago jardín a la deriva
—entra, tu sombra cubre esta página.

OCTAVIO PAZ
Árbol adentro

HERENCIA

*Madre, madre, Penteo soy; tu hijo que
diste a luz en el palacio de Equión. No
me mates, no me inmoles...*

EURÍPIDES
Báquides

"**Y** NO PUEDO CONTEMPLAR *sin irritación, todos los domingos, en la otra orilla de la me-
sa, el modelo de donde salí y del cual saqué
todos mis defectos, mis errores, mis insuficiencias, las irrup-
ciones de mi sensibilidad; todo lo que en mí deploro está
inscrito ahí, en ese rostro envejecido, en ese retrato anticipa-
do de mí misma; es inclusive contra esos defectos expuestos
en mi madre que yo misma me he construido durante veinte años...*"

La letra es de Ella, y se diría copiado de algún libro, tal
vez una novela, pues hay otros párrafos al tenor de éste,
aunque no encuadrados en rojo con tal fruición. La hoja
de papel amarilleada por el tiempo —al igual que los demás papeles que encontré en los portafolios donde guar-
daba sus documentos— parece arrancada de un cuader-

no, aunque a los veinte años ya no era una estudiante y tanto mi hermana como yo ya habíamos nacido. ¿Cuándo lo transcribió? El por qué es obvio. Nunca imaginé que hubiese sentido hacia su propia madre lo que yo siento hacia Ella, hacia mí misma, máscara ignominiosa cincelada en la rabia y con rabia, y no poder desprenderse, como llevar anudados al cuello, en las muñecas y en los tobillos invisibles filamentos que de pronto escuecen, erupciones intermitentes que de nada vale sobar y estregar pues su rubor ahí queda incólume igual a la marca de acné que se estruja. Un gesto, la manera de sonreír, de entrecerrar los ojos, de cruzar la pierna o sostener la taza de café; esos gestos que se llaman hereditarios, una mueca, un desplante, ensayados desde el instante en que reconocemos los brazos, el ceño, la voz que nos envuelve y mira y llama, y repetimos una y otra vez en lo profundo del sueño y el especular de las vigilias. Ser el mismo temor que nos paraliza, el mismo odio que amamos y nos solicita, el tono, la inflexión, las mil y una lastimaduras que se han ido acumulando día a día, mes con mes, hasta convertirse en años atorados en el pecho, en la garganta atascada por tanto lloro, lágrimas y gritos y perdones y rabias. Sí, rabia, un coraje cuyo poder innombrable podría matar, suprimir, aniquilar con sólo expresarse no fuera más que en un suspiro o en una pesadilla tan clara como aquella en que mi hijo clavó las tijeras en mi espalda y, lleno de susto —quizá también de alivio—, se llegó a contármelo en plena noche empapado aún en el sudor fresco de su osadía. Cuchillos, finos cuchillos de hoja de

obsidiana pulidos a la luz de la luna llena, gotas que
espían desde una sangre omnipresente el lento y periódi-
co sacrificio del cuerpo: descender hasta el fondo de la
propia carne y extirpar la placenta que nutrió nuestros
futuros desfallecimientos, servidumbres y abyecciones;
hundirse en el infierno del propio corazón y buscar en su
laberinto el rostro que habrá que enmascarar, el fino ta-
tuaje con que ocultaremos sus rasgos y guiños, y des-
pellejarlo hasta dejar únicamente las cuencas hueras, el
cráneo pelado y el sentimiento de un placer intenso y
culpable, ese rumor de besos que habrá de coronar nuestras cunas y las cunas de nuestros hijos, invisible red pa-
ciente que terminará por estrecharnos en sus nudos,
prolongación de los juguetes, de las papillas y vestiditos,
y en cuyos intersticios, además, vigilará un ojo incansa-
ble, superabundancia de realidad que no parpadea y en
su arrebato insomne canta su canto de sirenas melodio-
sas y voraces, canto atravesado por un dolor remoto, ra-
biosa impotencia frente a lo que se ama sin poder igua-
larlo, aunque sepamos que es un fracaso, porque
fracasos fueron la vida de mi madre y la vida de la abuela
—*nada nos autoriza a juzgar a los demás ya que a menu-
do su verdad es distinta a la nuestra*—, y al fracaso voy
con mi rabia a cuestas, su indecisa culpa, su recurrente
inercia, su parto que se prolonga sin fin entre contraccio-
nes, sudores y la imposibilidad de gritar "yo soy". Me
obligaste a tomar lo que no quise recibir. ¿Quién soy?
¿Quién eres tú huérfana de caricias en tu ambiguo papel
de hija y futura madre? ¿Hasta dónde se extiende la hue-

lla del fantasma que somos? Yo imploré parir sólo varones para no prolongar esa sombra de luna en el cuerpo de ellos, devorante, plañidera, y deshabitarlos de sí mismos. Pero igual me equivoqué pues sus cuerpos llevan la herida de otro modo, como la vergüenza de un delirio lejano, de un éxtasis de sumisión que les borró el rostro, y acaso también lo cercenó, en el arrobamiento de un sacrificio impuro, Ménade o Hécate, máscara idéntica, no obstante, en la misma avidez de sangre y convulsión, asolador cortejo de quimeras que teñirán con su negrura el pozo de nuestras pesadillas, tanto más oscuras cuanto mayor haya sido el deseo por engendrar al vástago indefenso: y no habrá expiación posible para ese amor… ❧

ERRANTES

Los judíos roídos por el dolor
y pulidos por el tormento
como piedrecillas junto al mar.

YEHUDA AMIJÁI

CUANDO YO OÍA CANTAR a mi padre, de preferencia mientras se rasuraba, algo en mi ser conmovido le daba ya a la realidad la imagen de una voz que sube como un hilo de sólida y transparente energía desde algún lugar invisible para unir y volver coherente a la fragmentaria sucesión de días y de personajes que transitan por ellos, de modo que el canto fuera la única expresión, la única verdad que hace posible la humanidad de los hombres, igual a esas rachas súbitas de viento que le tocan a uno el rostro recordándole, inesperadas, que el cuerpo está vivo y vive la vida en él. Y no porque ese cantar de mi padre tuviese nada particularmente notorio. Por lo general era la misma canción, incluso el mismo estribillo. Lo que me parece variaba eran los matices de las entonaciones, al tenor, sin duda, de sus estados de ánimo que, niña, yo no podía traducir en palabras pero sí recibirlos en alguna zona del cuerpo de

manera que hoy, al escucharlo, de nuevo, según esa añeja
costumbre, percibo que me dejó inmensas ráfagas de
tristeza en los brazos, por ejemplo, ramalazos de angustia
en el pecho, huecos de soledad entre las piernas, y un
extraño malestar ante esas alegrías forzadas de los grupos
que se divierten. Nunca me habló de su mundo propio,
pero recibí todos sus silencios y, en el canto, sus temores
a la muerte, las agonías de los que no escaparon al Holo-
causto y las de aquellos que sí escaparon y que se murmu-
raban al oído unos a otros en las reuniones familiares, en
los encuentros casuales, entre los amigos, o en las bancas
del Parque México, como ahora, exactamente en el mismo lugar donde todavía se reúnen los que quedan: ellas
con idénticos peinados y joyas; ellos con el antiguo sombrero, las gafas, el bastón. Hablan en su lengua materna,
la que trajeron de sus ciudades y pueblos centroeuropeos,
y rememoran y rememoran cual si no hubiese transcu-
rrido el tiempo. Mi padre no participa en esos corrillos.
Sólo camina y camina y le da una y otra vuelta al Parque
sin detenerse apenas cuando lo saludan, sin responder
más de dos o tres frases en esa lengua que ya olvidé, tan
salpicada de ironías adoloridas y juegos de palabras cuyas
infinitas connotaciones les hacen entrecerrar los ojos a
esos ancianos como si miles de soles penetraran en ellos,
o de gotas de lluvia, o de esas vocales y consonantes, burbujas de jabón, que arrullan y lloran y ríen todo a la vez
con sus nostálgicos acentos reventando en los atardece-
res de tertulia donde a veces yo me cuelo justamente para
atrapar las entonaciones que surcaron mi infancia, y por

ver si alguna de ellas me explica, nítida, el por qué persiste, inconmovible y tenaz, en mi cuerpo la memoria, memoria sin imágenes, de ese dolor solidario y viejo que aprendí cuando oía cantar a mi padre y que él aprendió de su abuelo y éste de su bisabuelo y así hasta el origen del primer hombre que cantó su exilio, su primer trastierro. Al verme pasar, ellos no interrumpen la plática. Las mujeres, en cambio, algo mayores que mi madre aunque algunas tienen la edad que mi abuela tendría, se callan, me escudriñan indecentes sospechando en mi fisonomía un rasgo familiar que no termina por delatarme quizá porque bajo la mirada —al final siempre rehuyo esas caras que podrían ser la mía dentro de veinte años—, igual como la escondo hoy cuando escucho esa queja de animal acosado que mi padre emite, cantando, mientras se rasura... ✤

EL ENTIERRO

> *¡Oh!... ¡Que esta sólida excesiva-*
> *mente sólida carne pudiera derretir-*
> *se, deshacerse y disolverse en rocío!...*
>
> W. SHAKESPEARE
> *Hamlet*

L A MADRE LLORA. ¿Qué podría consolarla? Por
supuesto que hay circunstancias atenuantes. Es
inhumano aplicar la norma de manera tan lite-
ral. Cada caso es distinto y aquí no sólo era diferente sino
de excepción. *Acato tu fallo Señor, bendito Juez justiciero.*
Los argumentos no se han agotado. El padre discurre
aún con el rabino en una esquina apartada de la sala. El
cuerpo yace en el suelo, los pies orientados hacia la puerta, sobre las ramas de durazno que la propia madre cortó
del jardín. Está cubierto con una sábana blanca. Según la
costumbre, únicamente acompañan los familiares más
próximos, pues los deudos no recibirán las condolencias
sino hasta después del entierro, durante siete días conse-
cutivos, en esta misma sala. Por eso, porque no hay ajenos no es menester dar explicaciones —¿qué pueden ha-

cernos comprender las explicaciones más allá de los hechos escuetos?—, la madre se acerca de tanto en tanto a
ese laxo y precario estuche en espera de su lenta e inexorable corrupción. *Retorne el espíritu al Dios que lo dio; porque Dios dio y Dios quitó, sea el nombre de Dios bendito.* El
cirio, a su cabecera, espejo del alma ausentada, arderá
durante la semana, el mes, el año del luto, memoria luminosa convocando la paz, el consuelo, la certeza. Ma-
cilento y distorsionado, su rostro al menos ya no implora. El roce de la muerte ha atenuado su desamparo, la
impertinencia de su incesante búsqueda. Una desnudez
callada, sorda. ¿Es ese mudo abandono tu misericordia
Señor? No, insiste el rabino, el que deliberadamente busca la muerte rompe la armonía del mundo y lo convierte
en un mero balbuceo confuso. Mientras, el hermano
deshilvana uno a uno los Salmos con una voz donde la
congoja carda las palabras como si quisiera tejerle un
manto de esperanzada protección a esa alma que en conciencia se desgajó del Árbol de la Vida y que, dicen, por
tal motivo tendrá que atravesar un estrecho puente sumido en total silencio donde se escuchará a sí misma, y muy
a su pesar, gritar terribles maldiciones contra el Creador
y sus huestes celestiales. ¿Hay, Señor, castigo más es-
pantable? "Aquel que adelanta su hora, se le hará volver
atrás." ¿Qué nos falta que imposibilita nuestra sumisión
incondicional? ¿Por qué no logramos alabar sin reparo
las maravillas de Tu creación, el perfecto engranaje con
que se mueven Tus creaturas y se articulan los misterios
del Universo? La materia requiere demasiado tiempo pa-

ra transmutarse cuando el espíritu tiene apremio… Hablaban, así hablaban ella, la suicida, y el hermano, con
impaciencia, cautiva, cuestionando el sentido de la existencia, del ser —¿hay algo que esté fuera de la vida, que
sea real más allá de lo real, más imperioso que lo vivido?—, un sueño desesperanzado donde somos intrusos,
una cesura, un despojo en el reino dislocado de la soledad y el desaliento. Nos traiciona una oscura voluntad de
pertenencia siendo como somos irrealidad y nada, un in-
tervalo del vacío en que Dios se retractó para dar a luz el
mundo. ¿Qué nos reclama? Una fe que nunca vacile —ese
ademán suave de la madre que levanta la sábana, ¿dónde
en el cuerpo se aloja la verdad?, y no se arredra ante los
ojos ya secos bajo los párpados que azulean—, que se
eleve por encima de dolores y lágrimas, una fe anhelo de
reconciliación, aliviadora de todas las heridas, las de venas sajadas inclusive. La sangre, precisa el rabino, ha de
ser enterrada igual, y ella la dejó escapar: es un deshonor
para la familia y una afrenta a Dios. ¿Y qué si no un instante de felicidad, un minuto de paz, piensa la madre, es
lo que buscan encontrar las sangres derramadas? "Mejor
es el buen nombre que el buen ungüento; y mejor el día
de la muerte que el día del nacimiento." Alma remisa en
la obediencia a la voluntad divina, su cuerpo, no obstante, será ritualmente purificado, nadie le preguntará cómo
dejó este mundo, minucioso aseo que culmina con la
clausura de los orificios vitales: haya o no haya encontrado, perdido o no perdido, su tránsito, corto o largo, con-
cluye ahí, en esos trozos de barro sencillo que cubrirán

sus ojos, sus oídos, las fosas nasales, la boca, el ombligo, el ano, la vagina. Nada hay ya que ver, oler, oír, saborear, desear, ni los colores del asombro, el amanecer ajacarandado, el canturreo de las esperas nocturnas, las humedades y texturas del amor. Ningún menester le incumbe ya en la tierra, salvo del polvo que lo habrá de recibir. ¿Y su parte en el mundo por venir? *Retorna Israel al Señor tu Dios*. Fue un corazón enajenado de sí mismo, replica el padre como último argumento. El cuerpo lavado reposa en su blanco sudario junto al féretro de madera simple y sin pulir. La madre contempla el rostro lívido de la hija, quemadas ya todas las posibilidades de pasión en el derramamiento de su sangre, agua florida. Sí, piensa, sin duda el mundo no es puro, mas, Señor, ¿acaso el perdón no lo purifica, acaso rehusarás el sacrificio de su vida, la ofrenda de su alma? No lo tomes, Señor, como un desafío, no permitas que el Ángel del Silencio se la lleve condenada, recíbela bajo las alas de Tu Divina Misericordia y deja fluir el rocío de Tus pupilas sobre sus múltiples transgresiones... ¿Por qué parecía el amor abrirle más sus heridas? ¿Qué surcos oscuros transitaba donde queriendo dejar semillas dejó llagas? ¿Qué daño le removía el horizonte?... La madre no comprende: la hija le fue siempre un misterio. Toca los labios exangües. ¿Qué plegaria dirán Señor que a Ti te apiade pues que Tus siervos le niegan absolución? El ritual seguirá su norma, y aunque no les rasguen la ropa en señal de duelo —"No te abstengas de orar al cielo en busca de Misericordia"—, ahí estará el dolor como una aguja atravesando el pecho hasta la cintura. El cortejo emprende su lenta marcha rumbo al espacio del cementerio donde la tierra no está consagrada —¿acaso no retorna igual al polvo el polvo del suicida?—, *Exaltado y Santificado sea el Gran Nombre en el mundo que Él ha creado a Su Voluntad,* un rincón de santidad baldía que vomita a los inicuos: el cadáver entró boca abajo en el ataúd para que no ofenda a la Presencia el rostro que olvidó, en su loca inmolación, su divina semejanza... ✣

LUCIÉRNAGAS EN NUEVA YORK

I

A Yael, mi nieta

E

N CUANTO CREZCAS te contaré cómo, cuando tú
naciste, el jardín se llenaba al atardecer de
luciérnagas, y un gato pardo en el escalón más
alto de la escalerilla carcomida las miraba, con los ojos
totalmente abiertos, encenderse una a una en un juego
de parpadeos entre las hojas de los árboles y al ras del
matojo que se extiende salvaje por el suelo.

Tú dormías en tu canasta cerca del balcón abierto, ajena a lo que en esa parte de la casa iba ocurriendo: un espacio mágico entre los altos edificios, abandonado al
antojo de las estaciones, donde no recuerdo —mientras
escribía durante las horas largas de la tarde veraniega—
que nadie saliera a sentarse en alguna de las sillas blancas
de metal también cubiertas de hojarasca. Detrás de las
ventanas, en cambio, sí bullía la vida cotidiana que se ilu-
minaba con diferentes ritmos y duraciones dándole al
pequeño jardín —pudo haberse tratado de un traspatio

inocuo entre los sucios edificios de la ciudad pero, casualmente, no resultaba tan común, quizá porque eran varios recuadros con viejos árboles de tronco esbelto, ramas caprichosas y fronda abierta, hojas como palmas, que le daban un aire de grabado japonés, quizá porque las paredes de ladrillo guardaban aún reminiscencia del sueño de sus antiguos habitantes —la fisonomía de un cuadro *naïf*.

Hierros forjados, bardas y cobertizos de tablones podrecidos, escaleras por donde ninguno bajaba o subía, trozos de cielo, de cortinas, de macetas, trebejos, furtivas presencias. Y no creas que de día el lugar era menos misterioso. Claro, no estaban las luciérnagas ni los juegos de luz y sombra, pero las manchas de sol que se colaban entre el follaje, y los vaivenes del viento, componían su propio mosaico de reflejos y fulgores, y el gato, extenso y peludo, mantenía conmigo un diálogo de miradas y orejas atentas bastante entretenido. Era el mes de julio y tus escasas semanas de vida transcurrían entre calores, súbitas tormentas de relámpagos y lluvias y cielos aborrascados. De alguna manera tu crecimiento guarda una relación secreta con la existencia inefable de aquellas plantas, las luciérnagas, el gato y la escritura que se va entretejiendo para, algún día, entregarte la remembranza de este rincón donde naciste, un lunes, antes de que cayera la noche, en los inicios del verano.

Otra mañana distinta —mamabas afanosamente en brazos de tu madre— descubrí a un gato color zanahoria y ojos azules, flemático, que no se dignó a entablar el menor coloquio con nosotras. Estaba repegado a la pared

trasera, blancuzca —por eso fue tan notorio— y desca-
rapelada de una suerte de cabaña de dos pisos con una
única ventana y en el techo un diminuto tapanco trian-
gular. Podía deducirse que también había ahí, al frente,
un pequeño patio por las ramas que casi cubrían el techo.
Imagino que en el otoño, o durante el invierno, se dis-
tinguirán con más claridad las otras construcciones a los
lados de este departamento; pero eso no tiene importan-
cia, pues no caerán dentro del ángulo de visión de las fo-
tografías que tu padre te tomará (por cierto que ni él ni yo
hemos mencionado, a propósito, las enormes paredes de
ladrillos que cerraban la vista de su habitación de niño en
aquella ciudad belga cuando se asomaba al balcón —tan
similar— a contemplar el lento vestirse de los árboles al
encuentro de la primavera), trozos de un instante de los
primeros tiempos de las primeras huellas que quizá con-
serve tu memoria junto con algún trino, un olor, una ape-
tencia que ahí se depositen. ¿Recordarás las campanas
del carrillón de las horas seis y doce y el alborozo de pájaros al amanecer? Cuentas de vidrio de un caleidoscopio
al que sólo tú podrás dar movimiento y sentido, porque
tu mirar de niña que descubre las cosas del mundo, sus
matices, rumor y consistencia, nada tiene que ver con el
mío de ahora por mucho que para mí también el descu-
brimiento del jardín y de tu ser sean una sorpresa inédi-
ta: sorpresa de vivir la misteriosa adecuación de esa cen-
tella que dicen es el alma a las, ahora, tenues capas de
materia que la encierran —dicen que ella, voluntariamen-
te, es la que escoge el cuerpo donde habrá de buscar arrai-

go para cumplir, una vez más, con otro ciclo de vida, con otra vuelta de tuerca, tantas como sea menester hasta alcanzar el ajuste perfecto con su fuente originaria. Y miro cómo tu escueta carne se estira y reajusta. Te escucho emitir gruñidos y voces que se diría son los reacomodos de la luz en los intersticios de la oscura cáscara que día con día irá engrosando, refinando su estructura, su paradójica cárcel. Está escrito que lo mismo que nos encierra constituye el camino de nuestra libertad.

El viento es tan cálido y apacible en estos momentos en que se anuncia el crepúsculo y la *Sonata a Kreutzer* inunda con sus acordes tu sueño de plumita transitoria y dócil, balbuceante: lenguajes sin residuo, puros. De una ancha grieta entre los edificios sale volando una paloma, o tal vez haya más pues no logro distinguir si es siempre la misma que de tanto en tanto irrumpe con su aleteo. Estas palomas del jardín también serán únicas para ti, aunque después veas otras, por docenas, en la calle y en el parque donde seguramente aprenderás tus primeros pasos y seas invadida por la marea humana que desemboca noche y día con su cargamento de basura y desamparo.

Sin embargo, esa etapa forma parte de otro capítulo en tu historia iniciada y que ya va redondeándote las mejillas, los brazos y las piernas en un inexorable avance, ¿hacia qué destino numinoso fuera de este mágico jardín de luces y de gatos? Porque después aparecieron más gatos. Se hubiera dicho que ellos eran quienes te enseñaban, durante el sueño, a estirar todo el cuerpo, a abrir, enormes, los ojos, a encandilarte con las sombras que el

árbol proyecta en la pared, líquidas, aladas, y que tu pupila absorbe quién sabe para qué futuras visiones, qué
memorias cautivas, exilios y errancia… En cuanto crezcas, pues, te contaré cómo, cuando tú naciste, el jardín se
colmaba de luciérnagas…

II

Todo, ahora, por complejo o sencillo que sea, requiere y
llama tu atención. El mundo te queda grande, y más
grande te quedará conforme vayas creciendo, pues el asombro no cesa nomás porque la edad se nos vaya aumentando
en años. Y mira tú si no es así: doce meses después de que
naciste ya las solas sombras de los árboles en el jardín no
bastan para atraparte la mirada. Ahora son tus gritos y el
dedo quienes las persiguen y quieren cazar al viento que
mueve a las hojas y figuras de papel de china, de estambre,
de madera, que penden sobre tu cuna donde cada día pasas
menos tiempo, ocupada en recorrer a gatas de abajo arriba
y hacia todas partes las habitaciones.

El movimiento, el tuyo y el ajeno, es lo que hoy te incumbe, y los ruidos: el de la licuadora que imitas risueña, el de
los aviones y los coches, el de tu matraca mexicana, el llamado de los pájaros, algo que de pronto cae, el golpe de la
puerta, los pasos que uno quisiera silenciar sobre la madera
que cruje, cómo rechina el picaporte, la cuerda de tu cajita
de música, el sonido del agua y el agua misma que nombras

gozosa y disfrutas como casi todos los niños. Pero lo que más te gusta es el columpio, tanto que ha sido tu primera palabra completa, y sabes, cuando sales a la calle, dónde localizarlo en el parque. Levantas la cara al cielo y te inclinas al ritmo del balanceo impulsando en ese movimiento al universo que te rodea y haces tuyo por el mero hecho de descubrirlo en tu pupila, en tu alborozo.

Hoy estuve contigo ahí, en el parque: un recuadro especial al término de la avenida entre los altos edificios, con su piscina de arena suave y unos burdos bloques de madera rústica acomodados de manera que se pueda trepar por ellos e inventarse cualquier travesía sin el estorbo de las formas obvias. Desde el columpio observas a los otros niños, su deambular, sus querellas y caprichos, correteos, caídas y empujones.

–¿Y qué eres? –pregunto a un afanoso gateador algo mayorcito– ¿un perro?

–No. Un caballo.

–¿Blanco?

–¡Negro!

Y se aleja desdeñoso ante mi soberana ignorancia. Aprendo la lección y me dedico únicamente a observar, al igual que tú, sin atreverme a traducir esos ires y venires, el acarreo de cubetas, palas, cochecitos, cajas, muñecos, la seriedad de tu rostro o las gesticulaciones y berrinches de todos esos pequeños monstruos. Una diminuta ninfa de cabellos negros y ojos azules persigue con afán a un negrito reacio; dos samurais enanos luchan con sendas espadas de plástico mientras una rubita pálida los contempla y otro guerrero aprovecha para apoderarse de un vehículo chaparro y amorfo causa probable de la disputa.

Dicen que los niños muy pequeños no entienden lo que se cocina a su alrededor, pero yo vi cómo estallabas en llanto inconsolable —cangrejito temeroso de perder la caparazón, ¿acaso no sabes que ya naciste trasterrado, que ya llevas, como tu padre, la casa a cuestas y los pies en todas las ciudades?— cuando hubo que desmantelar tu cuna para cambiarla de habitación. Estiraste ambos brazos para impedir la hecatombe, ese hecho fortuito que desbarataba la estructura de tu cerco más próximo y propio, el lugar de tus sueños y despertares, el ámbito que alberga a tus primeros juguetes, primer amor que se abraza a ti, incondicional, el oso, el conejo, el payaso, compañeros de ruta en un camino inexorablemente sin retorno, cada día nuevo, como esos primeros dientes que restriegas contra el barandal de la cuna, límite mágico, infranqueables ambos, aunque se ensanchen: así como nacieron, uno tras otro, hasta las muelas del juicio, volverán a caer, y el barandal podrá alejarse hasta confundir su línea con la del horizonte, mas no desaparecerá: también lo llevamos dentro, en esa otra concha sonora que llamamos corazón, ésa donde hoy resuena y se ensancha tu mundo de juguetes, de colores, de sonidos y voces, luz y sombra.

Otro día, al atardecer, nos asomamos al balcón para buscar en los patios traseros de los viejos edificios que colindan con el tuyo, a los gatos huéspedes de la maleza y los sótanos. Frotando el pulgar contra tus deditos haces el gesto para llamarlos e intentas un "miau" enérgico, pero no aparecen,

escondidos seguramente en algún lugar fresco. Me miras
sorprendida porque no acuden ni responden a tu expectati-
va, y no quisiera decirte que así es y cuán difícil resulta col-
mar nuestras esperas, por más violenta, terca y apasionada
que la esperanza sea. Por tus ojos tan abiertos pasa una luz
profunda que no sé interpretar. Unos instantes después gira
súbito tu cuerpo entre mis brazos para inclinarse hacia el
patio de los vecinos. Apoyas las manos en el barandal y aso-
mas completa la cabeza atraída por las voces y los pre-
parativos de una cena al aire libre. Hay vasos de color con
veladoras ya encendidas; un brasero para asar carne arde
con fuego parejo; tintinean los cubiertos, los platos, el brin-
dis. Cada comensal que llega provoca en ti una exclamación
similar a las de bienvenida allá abajo. Temprano sabes cuán
sorprendente es el espectáculo humano, variado, mutable,
grotesco, da igual que se mire así, desde arriba, o desde la
altura de tu carriola cuando paseas en las calles o tras los
cristales del autobús: "La vida es la mejor obra literaria que
ha caído en mis manos", decía Francisco Tario.

Las imágenes de los libros también te cautivan, y no sólo
los ojos sino que quieres tomarlas con las manos, entrar en
ellas como lo haces cuando te sientas en el enorme libro de
escenas de animales que casi te dobla la estatura, eterna Alicia en su país de maravillas. Pero, ¿es así realmente? Apren-
des a designar a las cosas, escuetas, por su nombre, sin dar-
les ningún sentido oculto, nada fuera de lo que la palabra
dice: coche, cubo, pelota. Para cada uno de los animales, en
cambio, tu madre tiene una canción especial que mimas
moviendo los brazos, la cabeza, o con carcajadas.

Una flor solitaria en el traspatio más lejano, anaranjada, de la familia de las azucenas, grande, esbelta, fascina tu dedo extendido y un ¡ah! aspirado permanece extático en tu boca. Redescubro contigo lo que de por sí es único y pronto olvidamos sumergidos en nuestras rencorosas soledades de adulto. Y lleva razón el poeta al reclamar del alma su infantil capacidad de asombro, de entrega, de anhelo, porque todo nos es dado, dice, y al igual que a niños Dios provee, nutre y conforta. ¿Y las lágrimas? Como las de esta mañana en que amaneciste chipil, desasosegada, a disgusto, reclamando quién sabe qué, inconforme, reacia a cualquier consuelo o distracción momentánea, ni siquiera la de salir al balcón y descubrir al gato pelirrojo, indolente, impermeable a tus lloros y a mis zureos. Me recordaste esos súbitos chubascos de desamparo y abandono que empapan sin explicación alguna y que a veces se alargan por horas y semanas, como diluvios. Tuve que convertirme, sentadas las dos en el balcón, en una especie de columpio y susurrarte hipnóticamente al oído una canción de cuna, tu primera canción de cuna en español. Entonces me di cuenta de que habían podado totalmente los matorrales de los traspatios y que por ello, este verano, ya no hay luciérnagas en el crepúsculo, las luciérnagas que acompañaron tus primeras semanas de nacida, pero te prometí —tu respiración era ya un hilo de sueño en mi regazo— que atraparemos de nuevo su luz, conforme vayas creciendo, en la red de estas letras, en los recuerdos que para ti despierten, memoria de tu mundo de juguetes. ❧

EL ÁRBOL DE LOS GATOS

Para Leo y Adrián

H AY UN ÁRBOL; un árbol alto, frondoso, siempre verde. Al árbol llega un pájaro de regular tamaño, cabeza y alas negras, el cuerpo gris, una larga mancha amarillo limón en el dorso de la cola. A veces, llega también un colibrí. Imagínalo como quieras: el árbol es tuyo. Es tu árbol, aquél que te observó tras la ventana desde tu más tierna infancia, el que vigilaba tus sueños e introducía juegos de luz y sombra en tus párpados, en tus suspiros, en cada uno de los movimientos de tu cuerpo entregado a sus propias cadencias. Aquel que, después, vigiló los rasgos de tus primeras letras, que te los inspiró y dibujó la fluctuación de sus hojas entre las líneas de tus cuadernos y los temblores e incertidumbres de tus dedos, y que, hasta hoy en día, te acompaña a lo largo de las páginas de tantos libros como lees, cartas que escribes, mensajes que descifras sólo porque contienen el murmullo indistinto del correr de unas savias que fluyen en tu sangre y golpean, con su eco, tus pensamientos. El árbol donde columpiaste tus iniciaciones de héroe al

asalto de todas las cimas imaginables, navío, alas de Ícaro, lomo de Pegaso (No. Olvida a Ícaro y al Pegaso. Hago trampa, trampas con historias completadas que en ese
entonces ni siquiera conocías. Olvídalos, porque quisiera
únicamente con las palabras tocar tu alma de ese momento, libre de verbalizaciones que así, dicen, es el alma
de los niños), navíos de ancho velamen, bucanero inven-
cible, corcel indómito, hélices enormes o diminutas como libélulas, cada rama un camino, un valle, un espejo de
agua, cada brote una resonancia, hebras de un tejido que
se adhirió a tu piel, a tus ojos, a tu nariz, a tus oídos, y
cuyas voces no dejarán nunca de interpelarte, a ti y a
quienes se acerquen a ti, para intercambiar y reconocer
correspondencias, cabos sueltos, isomorfismos.

Corres a campo traviesa, descalzo, la tierra lodosa salpica con su húmeda frescura tu olfato; te caes y vuelves a
resbalar sólo por sentir el impacto de una hondura suave
(como de besos —lo sabrás más tarde— que absorben,
desde las más incitantes grietas del cuerpo ajeno, a las
más recónditas grietas del cuerpo propio) que te regocija
y raspa la garganta con pequeños gritos, gorgeos que rue-
dan y se pierden, efímeros guijarros, entre los pedruscos
reblandecidos por las muchas lluvias que, igual, golpean
gozosas los techos bajo los cuales —y parecería, en efecto,
que las gotas amplificaran tu dormitorio hasta introducirlo entre las paredes de todas las casas a tu alrededor—
espías, tras la ventana, y así ocurre cuando te tiendes de
espaldas a cielo raso, a las estrellas en su danza de parpadeos, cristales que crecen y decrecen según el viento re-

mueva más o menos brusco a las hojas del árbol, al sartal
de burbujeos donde pequeñas ranas y sapos croan feli-
ces. El jardín no tiene desagües y se inunda, y tus vigilias
navegan entre chapoteos insomnes y alguna que otra
pesadilla que revuelca, en el rincón donde confluyen las
bardas, a pocos metros debajo del pasto, marcado con
un montón de piedras, los ladridos de Flush, el coker
spaniel negro que atropellaron y recogiste, incrédulo, ya
muerto. Sí, la sensación del agua, su tam tam sobre las
tejas, su escurrir por las canaletas, su desmayada y melo-
diante entrega a las furias del viento te dispara, íntegro,
hacia otras moradas —hubo una que yo habité con mi
hermana y que nombramos Graishland—, las que no se
edifican con ladrillo, las que intercambian sus raíces y
ramajes, las que levantábamos entre las fisuras del piso
de madera con barajas o con las piezas del dominó, las
que construirás en el va y el viene de la caricia que se da y
recibe, ramilletes de primavera hechos con las flores del
almendro, moradas que es factible imaginar porque ya
las habitamos antes alguna vez en algún tiempo remoto
sin tiempo ni espacio específicos, aunque perfectamente
reales —y aquí olvida también cualquier imagen que in-
tente describir a esas moradas que sólo tú, en tu sonoro
mundo interior afiligranado por infinitos silencios, sabrás hacer resonar—, porque real es todo aquello que
nos llama para que le otorguemos su geografía única, pues
único es el Árbol de la Vida, el Palacio de los 22 senderos
y diez albergues para descansar la fatiga de un viaje cuyo
comienzo y fin no sabríamos precisar porque ya de en-

trada nos encontramos en el recorrido armando las eta-
pas a la manera de un gran rompecabezas, como cuando
jugábamos a las escondidillas, de noche y con las luces
apagadas para mejor sentir el sobresalto del miedo a extraviarse o de la sorpresa, a veces decepcionante, a veces
liberadora, de encontrar y ser encontrado. Y hay juegos
que querrían avisarnos de posibles trayectos —*La oca,
Escaleras y serpientes*, tarots, horóscopos, quiromancias,
cuentos de hadas y cualquier suerte de oráculo y adivi-
nanza—, escalas flotantes, pasajes oscuros, hilos para no
extraviarse en el laberinto, conjuros para encontrar las
puertas exactas, la mascota que nos guíe, los gatos, a propósito, que parecen ser, según relatan las leyendas, los
consagrados al efecto, gatos con botas, ¿recuerdas?, uno de
ellos, el tuyo, justamente, gustaba de trepar al árbol —un
ciprés— en súbita e inesperada carrera para apoderarse
de los pajaritos recién nacidos sin importarle cuán arriba
subieran los padres el nido cada vez que el percance ocu-
rría. Cesar lo llamaste: pelirrojo, la cola elegante y coque-
ta, un príncipe, patas y manos enguantadas de blanco al
igual que el pecho hasta el pescuezo. En cambio Titania,
la siamesa, reina taimada y melindrosa, llegaba con el ave
ya sangrante en el hocico. Los encontraremos de nuevo,
dicen, para acompañarnos cuando llegue el turno de
cruzar los bosques que lindan con el umbral de la muerte, albergues para reposar el cansancio de un tránsito cuyo inicio y término ignoramos aunque les prendamos
fuego, a veces, en el afán de ver un horizonte que siempre desconoceremos a pesar de las pistas, señales, indi-

cios y presagios que creamos poseer. Por otra parte, el
incendio lo llevamos, perenne, más feroz o más callado,
en nosotros mismos.

Porque el árbol fue anterior a las luminarias en el or-
den de la creación, y el Hombre es el árbol que Dios creó
para conectar todos los mundos, los inferiores, los supe-
riores, los que se extienden al este, al oeste, al norte y al
sur, los intermedios y los que se salen de las cuatro dimen-
siones del tiempo y del espacio. De niño sugeriste que
bien podríamos ser los habitantes de un gigante habi-
tante de otro gigante y así hasta nunca acabar. ¿Nunca?
Un amigo jerosolimitano me habló de un bosque en el
que todos los árboles se quemaron, dolía, dijo, ver esos
cuerpos chamuscados hasta su último respiro, el suelo
renegrido como si jamás fuera a verdecer. Sin embargo,
trajeron nuevos árboles y los sembraron en el lugar, ya
crecidos, hermosos, venían del norte y se arraigaron durante cinco años para gozo de pájaros y paseantes. Hasta
que una noche, inusitado, un viento sopló y sopló sin parar. Al amanecer todos ellos se habían secado. Se descu-
brió, al removerlos, dijo y su voz contagiaba alegría, que
por debajo renacían ya, vigorosas, las antiguas raíces.
Cómo, pregunté, ¿acaso uno de esos milagros con que
Dios gratifica cada tanto a esta tierra de promisión? Los
botanólogos explicaron que, al incendiarse, las piñas en
las ramas estallaron y dejaron caer sus semillas. El barro
las absorbió presuroso y sabio hasta profundidades in-
sospechadas, seguras. Bosques para hospedar dragones,
regimientos, bandoleros, lobos que se humanizan, cier-

vos divinos, ninfas, silenos, hobbits, árboles que también
se plantan para recordar a los Justos entre las naciones, a
los desaparecidos por las dictaduras, a los que por amor
al prójimo murieron asesinados, árboles tiernos para el
niño que cruza los dinteles de la pubertad y adolescencia,
uno hay sembrado con tu nombre en alguna colina mi-
rando desde su trono, a lo lejos, allá en el valle, cómo se
extienden las casas y se elevan edificios, manchas de lepra
que ahogan el silencio de los campos libres bajo el toldo
estelar, un árbol tuyo, ése que rondaba tus sueños infantiles —en el país que fundé con mi hermana era una hi-
guera desordenada, por más que la podaran, que no quiso dar higos, salvaje al igual que el Tigre, gato huraño y
peleonero, de largos brazos que se tendían para alzarnos
hasta las calles de Graishland, nocturnas, secretas, festivas—, colorín, jacaranda, duraznos florecidos de los cues-
cos que enterraste cerca de las ventanas, ése que te atrapó
al vuelo la fantasía, como los ojos de Casio —lomo color
mostaza mechado de blanco, arisco, presencia insólita
que se dignaba venir bajo tu cama sólo para beber un
poco de leche— donde leías la vida de las estrellas apagadas millones de años luz atrás e imaginabas los mundos
de un más allá sideral que también tiene su geografía, el
mapa preciso de los 78 caminos con sus letras, esferas
planetarias, notas musicales, colores, joyas preciosas, ar-
borescencias, creaturas innumerables que pululan en
concierto por entre las rendijas de la infinitud reticular
cuyos juegos de luz y sombra las hojas de cada árbol
remedan, y el iris de los gatos, se asevera —de ahí que mi

hermana llamara Cosmos al negro indolente que se deja mimar por Tamer, cruza apócrifa de doberman—, caleidoscopio de imágenes que ni millones de palabras, formas, dibujos, nombres, lenguajes, ensoñaciones, sabrían describir y que, no obstante, van desangrándose a lo largo de nuestros días, parsimoniosas mas no mezquinas, sin detenerse un segundo y quizá por eso, o no logremos atraparlas, o semejen luciérnagas de brillo tan fugaz, resplandores que el mirar gatuno transmite a quienes saben detener la vista en él sin parpadear, sin acobardarse frente a los abismos que será necesario, primero, sortear, las escarpaduras, los derrumbes, avalanchas, vendavales, vértigos y ascensos atesorados en las gotas de lluvia, los copos de nieve, los pétalos, las gemas, los granos, todo conforme a su género y especie, desde los orígenes.

Siento un cosquilleo a mis espaldas. Tras la ventana, espiándome, apelotonado entre las ramas del alto y frondoso árbol, Tuti, el gato de Yael y Dana, mis nietas. El árbol es un níspero, me explican. En el verano comeremos de sus largos frutos color azafranado. ✤

JARDÍN DE INFANCIA

Tú, ave de fuego, ya andas volando
en medio de la llanura
en el lugar del misterio.

Cantares mexicanos

YO SABÍA QUE LA MARIPOSA atrapada entre el vidrio y la tela de alambre en la ventana empezaría a aletear en cuanto disminuyera la luz, y que en ese momento, también, se iniciaba el itinerario de mis sueños por entre las sombras del jardín, como si una mano invisible me arrebatara para llevarme hasta el umbral de una galería de puertas que bastaba con empujar suavemente y que se abrieran dejando ver sus interminables escaleras. Nunca sé hacia dónde llevan ni en qué momento se detienen los peldaños, pero la indecisión es corta pues, de pronto, dos siluetas surgirán succionando a su arbitrio mis pasos al interior de cualquier corredizo y dar así comienzo a la espiral de las metamorfosis. Entonces, el niño que fui y la niña que quise ser y la niña que fui y el niño que quise ser ——¿quién duda que el alma tenga su gemela?—— emprenden su loca carrera, su juego de escondidillas, persecuciones y reencuentros. Sucedió que encontraron al Ángel Guardián.

Después del aguacero el cielo no se quedó, como casi siempre, gris y agüitado. La tarde se abrió luminosa y cálida. El aire, con un tímido roce de yemas, apaciguaba la faz de la tierra para despejarla de sus nubes y dejar sólo tintineos de húmedo brillo entre las hojas aún temblorosas y los pétalos de las flores agobiadas por el chaparrón.

—Ahora no se trata solamente de corretear sin ton ni son. Hay que buscar la puerta de las siete alegrías. Si la semilla no pensara en su plenitud de árbol, ¿cómo se esforzaría en crecer?

Y dejó escapar la risa de entre sus enormes seis alas de hoja de lata. Después supieron que les llamaban *serafines*. Porque fueron encontrando a muchos de ellos, y en cada uno el sonido de la voz tenía un color diferente

Naranja dulce
Limón partido
dame un abrazo
que yo te pido

¿Quién es ese quijotillo
que anda en pos
de Doña Blanca?

Cantaban, bailaban en ronda, brincaban, saltaban, formaban filas, recitaban, pero nunca dijeron el rumbo a seguir, si tomar por la izquierda o torcer a la derecha, si

agacharse o avanzar en cuclillas, cómo sortear los arbus-
tos de laurel sin trozarles las adelfas, o columpiarse de rama en rama y no deshebrar los nidos de oropéndola ba-
lanceándose al impulso del viento, ni les advirtieron de
qué manera distraer la ferocidad de ese pájaro Simurg, el
perro custodio de la Reina, pez dragón de garras nudosas
y mirada capaz de enamorar a diez mil y hacerlos caer en
las redes del mar del sueño. Ellos sólo reían y jugaban y
proponían adivinanzas y enigmas

    —Tan, Tan,
    —¿Quién es?

    Estos eran cuatro gatos
    cada gato en su rincón
    cada gato ve tres gatos
    adivina cuántos son

El colibrí, dicen, muere durante la época de secas para
renacer en cuanto se inician las lluvias; en cambio la go-
londrina se transforma durante el invierno en una concha que dormita en el fondo de las olas. ¿Será por eso entonces que las mareas del alba dejan más conchitas y
piedras en las lindes de la espuma como para que se ca-
lienten antes al sol después de haber pasado la noche tiri-
tando bajo el agua?

Los miro caminar entre los ángeles y escucho al niño
que es la niña y a la niña que es el niño preguntar y preguntar sin apuro ni cansancio mientras van sus pasos

paso a paso hasta la verja que ya conozco, ésa que abren y se desliza sobre los goznes sin chirriar, puente, sendero, barrera. ¿En verdad hay 913 maneras distintas de muerte? Conozco el destino que les espera y nada podría hacer para impedirlo. Una y otra vez la escena se repite. Es el mismo jardín color de jacarandas crepusculares. Respira quieto sin estar inmóvil. En los intervalos entre sístole y diástole una vibración radiante emana del césped alto como si hubiese entrado el principio del olvido. Entonces surge la voz, esponjosa, y el eco, después, zorollo

–¿Quién eres?
quién… quién…
–¿Dónde estás?
dónde… dónde…

Los niños avanzan tomados de la mano. Pardea. Un viento travieso derrama hojas secas sobre sus cabezas y a sus pies. Silba, cecea en el eco, retumba, limpia las sombras de los árboles hasta dejar únicamente la claridad lunar, una esfera que canta rotando por las orillas de los siete cielos donde el tiempo no existe. Vieron sus corceles en el mero centro del halo blanco, el belfo brillante, los cascos y las crines de plata pulida, los ojos reverberos de agua. Se aproximan. La ilusión es perfecta. ¿Quién negaría que se trata de un tiovivo?

Al alba los ángeles recogen los cuerpos de los niños destrozados entre las patas de los caballos igualmente descabezados…

Despierto. La mariposa sigue ahí. Recuerdo que, mucho antes de saber quiénes eran, yo ya había escrito sus nombres en mis cuadernos escolares…

De tin, marín,
de do pingüe,
cúcara, mácara,
títere fue. ❧

RETORNOS

I

*En cualquier caso, el instante presente
es el plano sobre el que se proyectan
las señales de todos los momentos.*

GEORG KUBLER
La configuración del tiempo

S I TORNARA A VIVIR DE NUEVO, me gustaría encontrar a mi madre y ser las dos un par de amigas jóvenes. Ella no sabría que fui su hija, así que platicaríamos de sus sueños de mujer romántica de los cuarentas y veríamos juntas aquellas películas que siempre amó y juntas nos enamoraríamos de Gary Cooper, aunque yo prefiera a Humphrey Bogart. Por la calle de Tacuba, llena de puestos, fritangueríos y antojitos, nos acomodaríamos en unas banquitas poco estables, comeríamos sopes y beberíamos una *chaparrita* mientras repasamos las escenas donde Fred Astaire y Ginger Rogers se miran antes de bailar a dúo. Con los dedos aceitosos —el papel estraza no es un pulcro kleenex— entrelazaríamos nuestras manos y seguiríamos rumbo al Zócalo para sentarnos en alguna de las bancas pintadas de verde a esperar el tranvía, pero dejando que se pasen varios porque no hay prisa de regresar y aún ni hemos empezado a platicarnos deveras lo más íntimo y secreto. La tarde es una tarde de domingo, por ahí de mayo, ligera, transparente. Huele a azúcar quemada, a tamal. Ella lleva un sombrerito beige con un listón café ladeado hacia la derecha sobre sus ondas castaño oscuro. Los ojos verdes se le azulean cuando se pone soñadora. Carga una cartera de charol negro, larga, bajo el brazo, y siempre se la cambia del lado contrario cuando caminamos y yo la estrecho. Lleva un traje de dos piezas, beige, de mangas cortas con falsas bolsitas señaladas por una tira similar a la del sombrero, y un cinturón del mismo material, lino. Mi abuela lo zurció a mano aunque tiene varias máquinas Singer en el taller y muchas costureras que pedalean rapidísimo. Separaríamos las monedas del pasaje, con el resto compraríamos una antología barata, y leeríamos a vuela pájaro, de pie en la parte trasera del tranvía, poemas de Amado Nervo, Gustavo Adolfo Becker, Luis G. Urbina, Manuel Acuña, Rubén Darío, cuyos versos nos rondarían, hojas sueltas, ya cada una en su cama, antes de conciliar el sueño —si tú me dices ven lo dejo todo volverán las oscuras golondrinas aquella mano suave de palidez de cirio de languidez de lirio yo necesito decirte que te quiero margarita está linda la mar margarita te voy a contar un cuento—, recitados a lo mejor por un príncipe azul cuya voz pastosa se perdería entre los acordes de *Cantando bajo la lluvia*.

De no ser posible, entonces, mi alma se sentaría junto a ella para escucharla interpretar al piano, cuando la abuela no se encontrara en casa, no los ejercicios correspondientes a una alumna del Conservatorio, sino, puro oído, aquellas mismas melodías que le rondan el corazón de noche y de día y que, aún hoy, le tiñen la mirada de un azul enamorante…

II

El hombre en sí es una magnitud física intermedia entre el sol y el átomo, en el centro proporcional del sistema solar, tanto en gramos de masa como en centímetros de diámetro.

HARLOW SHAPLEY
Of Stars and Men

SI TORNARA A VIVIR DE NUEVO, me gustaría ser el hermano gemelo de mi padre, entenderle desde el nacimiento el origen de ese mal negro que le aqueja, ese ánimo maligno que le esculpió en el rostro la máscara de una alegría de dientes afuera que nos envenenó la infancia sin saberlo, o, dicho de otra forma, que se nos metió en la sangre en dosis homeopáticas como seguramente las bebió él de la placenta pues según supe la madre también fue melancólica, desasosegada, poco contento sin duda iba a encontrar entre ocho hijos nacidos de un hombre severo y taciturno al modo de los judíos piadosos habitantes desde siglos atrás en un caserío aledaño al Vístula y a merced de las veleidades antisemitas, marido que recibió como fue recibiendo a los frutos de su vientre, a ras del suelo, sin apego, uno tras otro, a un lado del horno donde igual se cocían el pan y las papas que se calentaban manos y pies durante las largas heladas, entenderle sus sueños, compartir lo que desconocía e imaginaba cuando leyéramos juntos a escondidas aquellos capítulos de la *Torá* que el viejo maestro salteaba sin explicación durante las clases en el húmedo cuarto que hacía las veces de escuela y salón de rezos, acompañarle la soledad que arrastraba a campo traviesa cuando llevaba el menguado almuerzo a los hermanos menores que barbechaban en los sembrados del *pani*, desenconarle esa piojera de muinas y recelos que trajo consigo en el barco desde Saint Nazaire y Veracruz, adolescente entrado a los diecisiete sin ilusiones ya, sin ubicación, seducido por un deefe que lo adoptó hijo huérfano de patria, seguirle los pasos día a día en el aprendizaje del nuevo idioma, de esa nueva manera de querer ser otro, hermano gemelo de quien todavía se busca y no se encuentra, bilioso inconsolable, enemigo de sí mismo en combustión perpetua, ajeno a la tinta humareda que desprende y todo oscurece a su alrededor, ¡ay! el sol negro de la melancolía, el tenebroso, si pudiera ouroboros devorarlo estrella, darle un rumbo distinto, una órbita más vasta y retornar juntos al silencioso polvo de la danza cósmica…

III

*Nuestra orientación espiritual, el
magnetismo que atrae al alma, va
hacia el Ser eterno, no hacia el eterno NO-SER.*

SRI AUROBINDO

SI TORNARA A VIVIR DE NUEVO, me gustaría ser una de
mis nietas, que me cuenten las historias que conté y me
contaron, abrir desmesuradamente los ojos, oídos y memoria, empalmar sin tregua amaneceres y crepúsculos,
redescubrir el gozo de cada sabor, las texturas del color,
la inagotable filigrana de las letras que van haciéndose
sílaba, vocablo, palabra, dibujando en el aire y en los papeles los matices del deseo, de la alegría, la tristeza, el en-
fado, mimos, secretos, los modos del querer y el no querer, del lloriquear, reír, fingir, reinventar el ritmo de frases
y enhebrarlas libro, muchos libros donde deambular
descalza, desnuda, franca entre hadas, duendes, ángeles,
demonios, cabalgar pegasos y unicornios, ser bárbaraex-
travagantedesorbitada sin consideración alguna por encima de castigos o regaños, violar, incestuosa impune, el
lecho de mis padres, Reina de Corazones no dejar muñeca
con cabeza y reclinar la mía, inocente, en el suave pluma-
je materno, sepulcro y cuna, atisbo paradisiaco e infernal,
oír de nuevo los arrullos ancestrales, viajera del tiempo
jamás dejaría de ser niña que sobrepase sus seis años, ni

un segundo más, y retornar al instante del parto, el primer golpe de reloj, primer *big bang*, primigenia eterna celebración de toda creatura, sea flor, pájaro, piedra, no Alicia, tampoco el pequeño Óscar, sino que tuviera tantos cuerpos, brazos, piernas, como tienen ciertas deidades que metamorfosean su género, sexo, reino, indiscriminada y jubilosamente...

De no ser posible, entonces, me sentaría a reescribir las historias que se les han escrito a los niños, y que empiezan así: "Había una vez"... ❧

LA FUENTE DE LAS PALABRAS

(ALEGORÍA)

Ya ves, yo quiero mucho.
Quizá lo quiero todo:
lo oscuro de cualquier caer sin fin
y el juego de luz de todo subir.

R. M. RILKE
El libro de horas

PARSIFAL RECORRE en la madrugada las charcas de una ciudad dormida, o casi. El cuarto creciente se asombra de verlo chacualear tan decidido sin preocuparle el agua lodosa que le salpica. Parsifal busca lo que nadie conoce y no ha sido dicho. Parsifal abandona todos los caminos para empezar un nuevo camino, desconocido y distinto. Tres gotas de sangre vertió en el cuenco que formaron las manos de su Dama al despedirse: una, por lo vivido; otra, por lo que siempre estará presente; la última, por lo que venga y vendrá. Va ligero de equipaje; no así de pensamiento. No es héroe de aventura antigua, aunque su nombre recuerde lances de caballero, y bien se sabe de quién hablo, no me extenderé en ello pues, ya lo anotó el cronista, igual está dicho en una palabra como en veinte. De éste que ahora menciono acotaremos que es obstinado y que no dejará piedra sin remover aunque bien a bien se le escape lo que anhela con ahínco. Le impulsa un viento de intensa certidumbre. Un relámpago azul le cruza de tanto en tanto el rostro, sin que él lo sepa, igual a un rápido colibrí: sólo quiere ser quien es. En principio, soñará con ir al mar que desconoce y está, le aseguran, a gran distancia y lejanía y tan vasto es que no tiene medida, "como la vida misma", le habrían susurrado al oído. En segundo, y una vez llegado, decidirá si se embarca o se retorna. No busca maestro, mas no objetaría su enseñanza, e incluso permanecerá largo trecho encorvado sobre un libro cual si quisiera desentrañar los rasgos de un personaje que, en la ocasión, pudiera ser el suyo propio. Los libros, sí, el goce silencioso de los libros. Ya aprenderá que pueden, podrían, destruirle la razón, y si bien el signo de los tiempos ya no son retortas y crisoles, tampoco desdeñaría inclinarse sobre algún viejo alambique. Dueño de la tierra, pero siervo de Dios, el mundo le interrogará a cada tranco —¿qué ves?, ¿qué hueles?, ¿qué sientes?, ¿quién eres?, ¿dónde estás?— para que nada le pase inadvertido y vaya creciendo en sabia incertidumbre a medida que avance; y para que no se le queden las preguntas atragantadas más abajo del cogote.

Así pues, Parsifal va camino al mar. Un mar en el que —imagina— dormitan volcanes, aerolitos, dragones, sirenas, palacios, buques, a veces color de acero, otras aturquesado, lapislázuli, malaquita, pizarra frágil, ópalo iridiscente, herrumbre, cavernoso, sutil, vaporiento. Fe, dicen, es la convicción de que un objeto es tal cual el alma lo ha aprehendido. Mas si únicamente imaginamos lo conocido, habrá que deducir que sólo buscamos lo que ya vivimos alguna otra vez en el olvido de la memoria. Sea lo que sea, la ciudad quedó atrás, la noche también. El amanecer se anuncia con olor a vientecillo fresco de sal recién lavada, anticipando lo que ya obsesiona a Parsifal. ¿Del mar nos viene esa pregunta sin respuesta que es la Vida? Por lo pronto, empieza el día, llama pálida que se va encendiendo con mayor fuerza conforme avanza. De los chaparros jacales entre la nopalera sale ya el humo de los peroles matutinos. Un trago de café no le negarán ni que lo miren de reojo maliciando quiera llevarse el despostillado atecomate. El jarrito le importa un comino. El perro no. Tiene una pata coja, rota quizá, que a momentos despega del suelo. Lo nombró César, por contraste con su estado lamentable, le pareció otorgarle así una dignidad augusta, además, lo sabemos, caballero no es ni rocín le ha pasado por la mente agenciarse; empero, nagual requiere, custodia y vigilancia, que en estas sumidades, escarpaduras y despeñaderos a saber qué encuentros o muertes le esperan. El primero ya llega, ahí donde los caminos del bosque se asemejan idénticos: una anciana repulsiva hurgándose los jiotes sin recato entre los andrajos

—Ve y búscame agua con que apagar el ansia de esta sarna abrasadora. Agua ígnea del manantial de las palabras

–No he tenido noticia; tampoco deseo de averiguar

Y siguió de largo, temeroso, sin asombrarle siquiera el mutismo de César, o la humareda de albahaca que ella quemaba en sitio tan despoblado. Parsifal desconoce aún la sagrada compasión de un gesto humano. Siente que las cosas son como son, que bien podrían ser de otra manera, de cualquier otra manera. Ignora todavía que el azar no existe y que un rostro es resplandor de lo infinito. Sus pensamientos son aves, vuelos que se le engreñan en el viento racheado que empieza a soplar y revuelve una lluvia fina. Gotas y hojas se azotan entre sí confusas y sorprendidas. No, no es tarea ligera descifrar el alma cósmica, y de nada le valdrá ayuda si él mismo no se la procura. El día empieza a declinar. Como una novia, el crepúsculo viste velo de luces, leve tul cuyo resplandor refleja el pardo cristal de la tierra. Maya, la eterna tejedora de lo ilusorio, murmura al borde de la oscura profundidad: "Sólo la Palabra disipa el vértigo del vacío. Sin embargo, el camino está más allá de los vocablos." La habitación que los recibe está cascajosa y semiderruida. César se repliega. Finalmente, después de mucho ladrar, entra. Por supuesto, ambos recuerdan las historias de fantasmas y demonios que conocen, tlacuaches carniceros, murciélagos ponzoñosos, vampiros. Parsifal decide tomar valor con ambas manos y con ambas manos rezar. Así se queda dormido. Y sueña, cual debe de ser. Bajo los efluvios de una luna desorbitada un hombre cabalgaba seguido por un potrillo y un par de canes. Un niño corre tratando de alcanzar un tren cuyo silbato se escucha a lo lejos. De pronto, se detiene: "Mentira que todos los caminos lleven a alguna parte. ¿Qué me dices de estas vías truncas, truncadas, sin principio ni fin? ¿Qué vas a encontrar delante si todo lo ignoras de ti?" Parsifal se incorpora para contestarle al niño que es él mismo. Entonces ve quebrar el alba del claro amanecer. El lugar parece la ruina de un santuario —piedras de tezontle, varejones, lodo. En una especie de hornacina hay restos de papel picado, copal, huesos quebrados, cuchillos de pedernal. La voz surge perentoria.

—Quien no sea de aquí dentro, ¡que se vaya!

Mientras va mondando la naranja que sacó de su paliacate, Parsifal hace el recuento de tan extraños sucesos. Sumido en su ensimismamiento ni montes ni llanuras lo distraen, hasta que llega a un puente. Detrás del puente, un castillo de gran nobleza. César atraviesa veloz y contento. Parsifal duda. Un guardia, el cuerpo hundido en sus carnes desbordantes, lo devisa

—Mi señora dueña de este reino, te pide pases con ella la noche. *Descanso. Ser huésped una vez. No siempre tomar las cosas de modo hostil; dejar que todo transcurra y saber: lo que acontece es bueno*

—Te equivocas. Quizá no soy el alférez que ella aguarda. Quizá no sea digno de su lecho

Nostalgia de resplandor. El tránsito del corazón a su vacío. El corazón, vaso donde la vida se elabora a cada golpe de sangre. Todo desaparece y Parsifal se encuentra en el medio del sendero fragoso, vado permanente. César persigue a una grulla que porta entre el copete de

plumas un espejo redondo y translúcido. Ahí contempla,
cuando el chucho atrapa al ave por el pescuezo, un árbol
que contiene las semillas de las palabras capaces de sanar
cualquier mal del cuerpo o del alma. Bajo las ramas, la
Sacerdotisa le convida las aguas de un coco. Y contempla, también, cómo, sin gozarlo, rechaza lo que graciosa-
mente le ofrece. Aún ignora Parsifal que recibir es dar, y
el dar no es dispendio ni renuncia. La visión se nubla. Le
queda en el cuerpo, a la intemperie ahora, el desamparo
largamente resguardado. El mediodía cae a plomo sobre
las crestas del follaje. Se diría que pone motitas de vidrio
en cada brote, chaquiras que refulgen y sueltan burbujas
de luz al pasar entre ellas el viento. Los pájaros que revo-
lotean no se sabe, a la distancia, si son mariposas sus-
pendidas. Tumbado a la bartola en el pasto, Parsifal re-
construye su inexplicable gesto: no lo comprende. En la
ladera de la montaña cae a raudales una mata de capullos
azafranados. Intuye que detrás están por desurdir los secretos del valle que desemboca al mar. Nuestro paso por
el mundo es una herida, y las estrellas, dicen, son las gotitas de sangre del Tiempo. La tarde vira hacia el naranja,
el rojo, el azul, el púrpura. Se resguardaron en una gruta.
César tragó la última porción de queso añejo. Parsifal
mezcló vino con agua en la jícara, remojó dentro los men-
drugos mustios, oró, y se acostó a dormir vestido y calza-
do. No entiende todavía la verdad del sueño que le ocu-
rriera la víspera, y he aquí que le sucede otro: Al fondo de
un jardín en ruinas hay un pabellón de madera. Un niño
empuja los batientes del portón. En el centro de la estan-

cia, en un ataúd, reposa su postrer momento un cuerpo. El silencio es interrumpido apenas por el arrastre de la hojarasca contra el piso. Se aproxima y reconoce a su padre. Un olor agrio y áspero se desprende de la caja. "Traidor, abandonaste tus ideales, me engañaste. Pesarán tu corazón y habrás de responder." Cierra la tapa y se da vuelta. Apunta con el dedo hacia Parsifal: "Y tú, ¿cuál es el niño que llevas dentro?"

Toda oscuridad que parte deja sombras. La luz recién nacida bosteza entre ellas con júbilo y consternación. Alborea. Entonces abandonan la gruta y se ponen en marcha por la cañada que lleva al mar, el camino donde las aguas se dividen. Al cabo de la mañana, entre el sofocante hormigueo de los insectos, La-Palabra-Que-Transita se les apareció cortándoles el paso en el desfiladero: la Esfinge lo interpela

–Vigilante, ¿qué me cuentas de la noche? Tú puedes concebir cosas mayores pues te hemos abierto las puertas. Mas sin conocer las preguntas difícilmente encontrarás respuestas. La pregunta justa en el tiempo justo. Aquello que desconoces de ti mismo es lo que te impide amar

–¿Qué tan lejos está el océano?

–Detrás de la Floresta Solitaria. Son nueve jornadas si vas a buen paso. Ofrece en el trayecto combate a los que combaten, y paz a los apacibles

Y helo de pronto, rumoroso, rompiendo su soledad ola tras ola en la playa desierta perfumada de conchas y caracolas. La espuma, al estrellarse contra las rocas, dibuja filigranas en la quieta superficie que cambia del oro al plata, al verde, al mercurio, bajo el calcinante sol. Parsifal busca una sombra. César se dispara rumbo al fulgor que chispea. Ningún arbusto en ese promontorio que se precipita hacia el abismo marino. Como no logra retirar sus ojos de la inmensidad, pronto olvida el calor. Aves cortan el horizonte. Una embarcación define la distancia, líquida arriba, líquida abajo. Una corriente trae bancos de algas magenta hasta la orilla. Entonces lo ve llegar: mancha azulada que aproximándose adquiere el brillo de la madreperla, marfil las crines de medusa y, en la frente, níveo el largo cuerno espiralado.

Hay quien dice que el Unicornio, a veces, se transforma en gaviota… ❧

ÍNDICE

Hebras de Esther Seligson
se terminó de imprimir en el mes de julio
de 1996 en los talleres de Imprenta Juan Pablos.
La edición consta de mil ejemplares
y estuvo al cuidado de Rogelio Villarreal
y la autora.